INTERPRETATIONEN ENGLISCH

WILLIAM SHAKESPEARE

Much Ado About Nothing

Interpretiert von
Birgit Holtwick

STARK

Bildnachweis
Umschlag: © Hulton Archive/Getty Images
S. 3: http://commons.wikimedia.org/wiki/File:William_Shakespeare_1609.jpg
S. 23: © Cinetext Bildarchiv
S. 24/25 Emoticons: © Vitaliy Rozhkov/Dreamstime.com; Herz: © Peter Miller/sxc.hu
S. 25 gebrochenes Herz: © Dreamzdesigner/Dreamstime.com
S. 47: © Julia Fikse/Dreamstime.com
S. 50: © Richard Majlinder/Dreamstime.com
S. 71: © Cinetext Bildarchiv

ISBN 978-3-86668-230-6

www.stark-verlag.de
1. Auflage 2010

Inhalt

Autorin: Birgit Holtwick

Vorwort

Liebe Schülerinnen, liebe Schüler,

diese Interpretationshilfe unterstützt Sie bei der Auseinandersetzung mit William Shakespeares Komödie *Much Ado About Nothing*. Sie hilft Ihnen bei der Texterschließung ebenso wie bei der Vorbereitung auf den Unterricht und auf Prüfungen.

Der erste Teil informiert Sie über **Leben und Werk** des Autors. Es folgt eine **ausführliche Inhaltsangabe**, die alle Szenen des Stückes übersichtlich zusammenfasst und Ihnen bei der Orientierung im Drama hilft. Im Kapitel „Textanalyse und Interpretation“ wird der **Aufbau** der Komödie tabellarisch dargestellt und die Funktion der einzelnen Szenen kurz erklärt. Mittels zweier **Grafiken** wird die **Personenkonstellation** zu Beginn des Dramas und an dessen Höhepunkt veranschaulicht. Die einzelnen **Figuren** werden ausführlich **charakterisiert**. Der Abschnitt „Zentrale Themen und Motive“ zeigt die wichtigsten inhaltlichen Aspekte des Dramas auf. Außerdem gibt es ein Kapitel, das in die Besonderheiten der **Sprachverwendung Shakespeares** in diesem Stück einführt. Es folgt die **Interpretation von Schlüsselstellen**, die exemplarisch die detaillierte Bedeutung zentraler Textstellen offen legt. In der **Rezeptionsgeschichte** wird das Augenmerk auf die veränderte Wahrnehmung des Stückes in der heutigen Zeit gelenkt.

Die vorliegenden Interpretationen sind schlüssige Angebote eines subjektiven Textverständnisses. Sie sind herzlich eingeladen, sich auf dieser Grundlage ein eigenes Verständnis des Textes zu erarbeiten.

Ich wünsche Ihnen viel Freude und Erfolg bei der Auseinandersetzung mit der Komödie!

Birgit Holtwick

Einführung

William Shakespeare war schon zu Lebzeiten einer der bedeutendsten literarischen Vertreter seines Landes – daran hat sich bis heute nichts geändert. Gerne wird er auch mit dem Superlativ „der größte Dichter und Dramatiker der Welt" bedacht. Fakt ist, dass seine Stücke zu jeder Zeit auf die Bühne gebracht wurden und er auch heute noch als der meistgespielte Bühnendramatiker gilt. Shakespeares Stücke werden immer wieder neu interpretiert, häufig mit dem Ziel, die Handlung in die Gegenwart zu verlegen. Dies liegt einerseits sicher an der sprachlichen Ausdruckskraft, andererseits an den gewählten Themen, die auch heute noch relevant sind und zur Auseinandersetzung einladen. In seinen 37 Theaterstücken, die zwischen 1590 und 1611 entstanden, geht es um so unterschiedliche Themen wie Macht, Ehrgeiz, Gerechtigkeit, Krieg, Korruption und Heuchelei. Während diese Themen von eher öffentlichem Interesse vorwiegend in den Tragödien und Historien behandelt werden, geht es in den Komödien in erster Linie um private Themen. Dramatisiert werden hier Beziehungen zwischen Liebenden, Freunden, Familien, Dienern und Herren. Dabei werden Fragen der Moral, des Verhältnisses zwischen den Geschlechtern und der Selbst- bzw. Fremdkontrolle aufgeworfen.

Much Ado About Nothing entstand vermutlich in den Jahren 1598 bis 1599 und gehört auch heute noch zu den meistgespielten Komödien Shakespeares. Das Stück setzt sich mit den Themen Schein, Sein und Täuschung, Liebe, Eifersucht und Ehre, Moral und Unmoral, aber auch mit dem Rollenverständnis von Mann und Frau auseinander. Die Liebespaare Hero und Claudio auf der einen Seite und Beatrice und Benedick auf der anderen

Seite verkörpern völlig unterschiedliche Liebeskonzepte und zugleich auch verschiedene Rollenverhältnisse zwischen den Geschlechtern. Don John, der die Heirat zwischen Hero und Claudio durch eine Verleumdungsintrige vorübergehend verhindert, personifiziert das Böse. Seine Intrige kann allerdings nur greifen, weil Claudio und Don Pedro nur auf die Erhaltung ihrer eigenen Ehre bedacht sind und sich daher allzu leicht in die Irre leiten lassen. Aufgeklärt wird die Verleumdung durch die einfältigen, aber hartnäckigen Wachleute. Diese wirken durch ihre sprachliche Ungeschicktheit äußerst komisch und lächerlich; dennoch sind sie es, die den Adligen helfen, ein Unrecht aufzudecken. So erhält auch der Adel, aufgrund seiner Fixierung auf die (eigene) Ehre, einen Denkzettel.

Much Ado About Nothing fordert insbesondere deshalb zur Auseinandersetzung und Diskussion heraus, weil die vermittelten Konzepte heute zumindest teilweise nicht mehr aktuell sind. So würde man Hero und Claudio heute ganz anders beurteilen als im Elisabethanischen England. Auch die Frage, welche Figuren sich moralisch und ehrenhaft verhalten und welche nicht, wird heute zumindest in Teilen anders beantwortet werden als damals. So können die eigenen Wertvorstellungen mit den historischen Vorstellungen aus Shakespeares Zeit gewinnbringend kontrastiert werden und jede Zuschauerin und jeder Zuschauer kann individuell feststellen, wo Identifizierungsmöglichkeiten bestehen und wo eine Abgrenzung Not tut.

Biografie und Entstehungsgeschichte

Shakespeares Leben

Obwohl William Shakespeare (1564–1616) auch heute noch zu einem der bedeutendsten Literaten Englands gehört, weiß man über sein Leben erstaunlich wenig. Einige Daten sind dokumentiert, andere sind Spekulation und über die Jahre zwischen 1585 und 1592, die sogenannten *lost years,* weiß man gar nichts.[1]

William Shakespeare wurde am 26. April 1564 in Stratford-upon-Avon getauft. Es wird daher allgemein angenommen, dass er am 23. April 1564 geboren wurde. Belegt ist das Geburtsdatum im Gegensatz zur Taufe allerdings nicht. Seine Eltern waren John Shakespeare und Mary Arden, Tochter einer alten *gentry*[2] Familie. Durch die vorteilhafte Heirat begann John Shakespeares sozialer Aufstieg.

So konnte William Shakespeare auch die kostenpflichtige Lateinschule besuchen. Dort lernte er Latein und Griechisch und wurde mit der klassischen Literatur vertraut gemacht. 1576 wendete sich allerdings das berufliche Glück des Vaters und dieser verschuldete sich. Als Konsequenz musste der Sohn die Lateinschule zumindest vorübergehend wieder verlassen und erlernte ein Handwerk.

Das nächste Dokument, vom 27. November 1582, ist die Beantragung einer Lizenz für die Heirat von William Shakespeare und der acht Jahre älteren Anne Hathaway. Am 26. Mai 1583 wurde bereits die erste Tochter getauft, die Hochzeit war daher wohl eine Notwendigkeit. Allerdings brachte Anne eine beachtliche Mitgift in die Ehe, sodass die Verbindung für William durchaus vorteilhaft war. Am 2. Februar 1585 wurde das Zwillingspaar Judith und Hamnet getauft. Hamnet verstarb allerdings bereits im Alter von 11 Jahren.

Es folgen die bereits erwähnten *lost years*. Eine Überlieferung besagt, Shakespeare habe Stratford gemeinsam mit einer Schauspieltruppe, der „Queen's Company", verlassen.[3] Belegt ist dies aber nicht. Dokumentiert ist Shakespeares Tätigkeit als Schauspieler und Dramatiker in London im Jahre 1592. Zu dieser Zeit hatte er bereits einen gewissen Bekanntheitsgrad erlangt, sodass seine Ankunft in London sicherlich schon etwas weiter zurück lag. Shakespeare lernte relativ schnell den bekannten Schauspieler James Burbage kennen, der auch Leiter einer Schauspieltruppe im „Theatre" war. Shakespeare blieb der Truppe während seiner ganzen aktiven Schauspielzeit treu.

Seine finanzielle Situation entwickelte sich gut. Er war führendes Mitglied bei der Theatertruppe „Lord Chamberlain's Men" und Teilhaber an zwei Theatern. Im Jahr 1596 erhielt er den Titel „Gentleman" und durfte ein eigenes Wappen tragen. Sein Testament regelte daher auch die Hinterlassenschaft eines wohlhabenden Bürgers. Shakespeares Erbe fiel zum Großteil an seine älteste Tochter. William Shakespeare starb am 23. April 1616 in Stratford-upon-Avon und wurde dort am 26. April 1616 begraben.

Shakespeares Werk und *Much Ado About Nothing*

Shakespeares Schaffensperiode wird ungefähr auf die Jahre zwischen 1590 und 1611 datiert. In diesen rund zwanzig Jahren schreibt er 37 Dramen, 154 Sonette und zwei Epen. Unter den Dramen finden sich Historien (z. B. *Richard III* und *Henry V*), Tragödien (z. B. *Romeo and Juliet, Hamlet, Macbeth*) sowie Komödien (z. B. *A Midsummer Night's Dream, As You Like It*).

Im elisabethanischen[4] Theater wird der Terminus Komödie allgemein als Gegenstück zur Tragödie verwendet, und zeichnet sich durch ein *happy ending* aus. Die Komödie folgt nicht mehr den Regeln der Antike, in der z. B. keine adligen Personen in Komödien auftraten. Gemein ist den Komödien Shakespeares, dass sie sich dem Thema Liebe verschreiben.

Die Einteilung von Shakespeares Komödien erfolgt nach Entstehungszeit und inhaltlichen Aspekten in die heiteren Komödien *(happy comedies,* z. B. *A Midsumer Night's Dream)*, die Problemstücke (*problem plays* oder *dark comedies,* z. B. *Measure for Measure*) und schließlich die Romanzen (*romances* z. B. *The Winter's Tale*). *Much Ado About Nothing* gehört zur Gruppe der heiteren Komödien und ist vermutlich in den Jahren 1598 bis 1599 entstanden. Der erste Druck ist 1600 dokumentiert. Die Handlung um Hero und Claudio (Verleumdung, Verstoßung, Scheintod und Wiedervereinigung) ist ein altes Erzählmotiv, das häufig neu gestaltet wurde und Shakespeare daher sicherlich vertraut war. Die Figuren Beatrice und Benedick sind aber Shakespeares eigene Schöpfung, auch wenn sie als Typen bereits bekannt waren.

Inhaltlich greift Shakespeare hier mit dem Geschlechterkampf ein Thema auf, das in der elisabethanischen Gesellschaft beliebt war und das er selbst bereits in *The Taming of the Shrew* behandelt hatte.

Inhaltsangabe

Akt I, Szene 1

Ein Bote kündigt Leonato, dem Gouverneur von Messina, an, dass sein Freund Don Pedro, Prinz von Aragon, aus einer erfolgreichen Schlacht zurückkehrt. Beatrice, die Nichte Leonatos, unterbricht den Boten, um sich mit spitzer Zunge nach Signor Benedick von Padua zu erkundigen. Leonato erklärt dem Boten, dass die beiden sich schon seit Langem einen scherzhaften Kleinkrieg liefern. Der Wortwechsel wird unterbrochen durch die Ankunft der Soldaten. Leonato begrüßt Don Pedro. Da dieser sich mit seinem Halbbruder Don John versöhnt hat, wird auch Don John höflich empfangen. Beatrice und Benedick beginnen sogleich ein heftiges Wortgefecht, in dem beide deutlich machen, dass sie das jeweils andere Geschlecht gering schätzen. Beide verkünden, mit der Liebe nichts zu schaffen zu haben.

Als alle außer Benedick und dessen Weggefährte Claudio die Bühne verlassen haben, gesteht Claudio seinem Freund seine Liebe zu Hero, Leonatos Tochter. Benedick gibt sich entsetzt und berichtet dem hinzutretenden Don Pedro die Neuigkeit. Benedick rechtfertigt seine Absicht Junggeselle zu bleiben, denn er fürchtet gehörnt, d. h. betrogen zu werden (vgl. Z. 219 ff.). Um diesem Schicksal zu entgehen, bleibt nur die Ehelosigkeit. Don Pedro prophezeit Benedick, dass er seine Meinung noch ändern werde. Claudio bietet er seine Hilfe an. Auf dem geplanten Maskenball wird er sich für Claudio ausgeben und Hero seine (Claudios) Liebe gestehen und anschließend bei Leonato in Claudios Namen um Hero werben.

Akt I, Szene 2

Antonio, Leonatos Bruder, berichtet Leonato fälschlicherweise, dass Don Pedro für sich selbst um Hero werben werde. Leonato ist hocherfreut und will Hero die freudige Nachricht mitteilen.

Akt I, Szene 3

Don John beklagt sich gegenüber seinem Gefolgsmann Conrad über seine momentane Situation, die ihn davon abhält, sein wahres Ich zu zeigen. Er stellt sich selbst als ausgesprochenen Bösewicht dar: "I am a plain-dealing villain." (Z. 27 f.). Borachio, ein weiterer Gefolgsmann, kommt hinzu und berichtet über Don Pedros und Claudios Pläne. Aber auch er gibt die Absicht Don Pedros nicht ganz richtig wieder und erklärt, Don Pedro wolle Hero in seinem eigenen Namen werben, um sie dann Claudio zu geben. Don John begrüßt die Gelegenheit Claudio zu schaden, da dieser offensichtlich von Don Johns Niederlage gegenüber seinem Bruder profitiert hat: "That young start-up hath all the glory of my overthrow." (Z. 57 f.).

Akt II, Szene 1

Zunächst treten Antonio, Leonato, Beatrice und Hero auf. Beatrice legt ihrem Onkel gegenüber ihre Einstellung zu Männern und zur Ehe dar. Kein Mann kann ihren Vorstellungen entsprechen. Auf Leonatos Hoffnung, dass sie eines Tages einen Ehemann finden werde, antwortet sie: "Not till God make men of some other mettle than earth." (Z. 52 f.). Die Gäste kommen hinzu und der Maskenball beginnt. Es folgen diverse kurze Dialoge. Don Pedro begleitet Hero und beginnt eine romantische Unterhaltung. Balthasar, ein Diener Leonatos, wirbt vergeblich um Margaret, Heros Kammerzofe. Ursula, ebenfalls eine Kammerzofe, enttarnt Antonio. Beatrice, die Benedick unter seiner Maske erkennt, aber vorgibt nicht zu wissen, mit wem sie spricht, verspottet Benedick. Sie wirft ihm unter anderem vor, nur der dumme Hofnarr des Prinzen zu sein.

Don John und Borachio, die vorgeben Claudio für Benedick zu halten, bitten diesen, Don Pedro vor einer Ehe mit Hero zu bewahren, da dies keine standesgemäße Hochzeit wäre. Claudio berichtet Benedick das soeben Erfahrene. Benedick fällt ebenfalls auf die Lüge herein. Im Gespräch zwischen Don Pedro und Benedick wird das Missverständnis geklärt: Don Pedro will Hero keineswegs selbst heiraten. Benedick beklagt sich noch über die üblen Beschimpfungen von Beatrice und verlässt dann die Bühne, als diese auftritt. Don Pedro berichtet Claudio, dass er Hero erfolgreich für ihn geworben habe. Der Hochzeitstermin wird für die darauffolgende Woche vereinbart. Nachdem auch Beatrice die Bühne verlassen hat, entwirft Don Pedro einen Plan, um Benedick und Beatrice miteinander zu verkuppeln. Beide sollen glauben, dass sie vom jeweils anderen geliebt werden.

Akt II, Szene 2

Borachio schlägt Don John einen Plan vor, um die Ehe zwischen Claudio und Hero zu verhindern. Am Abend vor der Hochzeit wird Borachio sich mit Margaret an Heros Schlafzimmerfenster zeigen und Margaret als Hero ansprechen. Er wird außerdem dafür Sorge tragen, dass Hero selbst in dieser Nacht nicht in ihrem Zimmer schläft, das sie mit Beatrice teilt. Don John soll Claudio und Don Pedro von Heros Untreue berichten und sie dann als Augenzeugen unter das Fenster locken.

Akt II, Szene 3

Benedick mokiert sich in einem Monolog über Claudios Veränderung, seit dieser in Hero verliebt ist. Benedicks Verwunderung ist umso größer, als Claudio früher selbst verliebte Männer gern verspottete. Gleichzeitig schließt Benedick eine solche Wandlung für sich aus. Er versteckt sich, als Don Pedro, Leonato und Claudio auftreten. Diese geben vor, ihn nicht gesehen zu haben. Dann berichtet Leonato, dass er erfahren habe, dass Beatrice in Benedick verliebt sei, ihre Liebe aber nicht gestehen werde – aus

Angst, zurückgewiesen und verspottet zu werden. Nachdem die Männer die Bühne verlassen haben, tritt Benedick hervor und ist sofort bereit, Beatrices Liebe zu erwidern. Er weiß, dass diese Sinneswandlung ihm allerlei Spott eintragen wird, rechtfertigt dies aber vor sich selbst, da sich der Geschmack mit zunehmendem Alter ändern könne ("but doth not the appetite alter?" Z. 227) und er es nun geradezu als seine Pflicht ansieht, sich fortzupflanzen („The world must be peopled." Z. 231). Als Beatrice hinzukommt, hält er ihr Verhalten und ihre Worte für einen Beweis ihrer Liebe.

Akt III, Szene 1
Hero, Ursula und Margaret besprechen den Trick, den sie bei Beatrice anwenden wollen. Margaret soll Beatrice in den Garten schicken. Dort werden Hero und Ursula laut über Benedicks Liebe zu Beatrice sprechen, sodass diese sie hören muss. Der Plan wird sofort in die Tat umgesetzt. In ihrem Gespräch geben die beiden Frauen vor, dass Beatrice nichts von Benedicks Liebe erfahren dürfe, damit dieser vor ihrem Hochmut und Spott geschützt sei. Allein auf der Bühne ist Beatrice geschockt über das Bild, das die anderen von ihr haben und erklärt ihre Liebe für Benedick sowie ihre Bereitschaft ihn zu heiraten.

Akt III, Szene 2
Benedick wird von seinen Freunden und Leonato wegen der Veränderung seines Verhaltens schwer aufs Korn genommen. Während Benedick vorgibt Zahnschmerzen zu haben, kann Claudio die anderen davon überzeugen, dass Benedick verliebt ist, denn hierfür gibt es genügend Anzeichen. Er kleidet sich nach der neusten Mode, parfümiert und rasiert sich und ist ungewöhnlich ernsthaft. Benedick entzieht sich dem Spott, indem er Leonato zu einem Gespräch unter vier Augen bittet. Don John tritt hinzu und berichtet Claudio und Don Pedro von Heros angeblicher Untreue. Er bietet ihnen an, sich um Mitternacht selbst

ein Bild von den Verhältnissen zu machen. Claudio verkündet, Hero am nächsten Tag in der Kirche zu entehren, sollte sich der Vorwurf bewahrheiten. Don Pedro will ihn dabei unterstützen, da er für ihn um sie geworben hat.

Akt III, Szene 3

Dogberry und sein Partner Verges, die den Wachleuten vorstehen, treten auf, teilen die Wachen ein und unterrichten sie über ihre Pflichten. Sie sollen vor allem dafür Sorge tragen, nicht in zu engen Kontakt mit Dieben und Gesindel zu kommen, um ihren eigenen Ruf zu schützen. Sie sollen während der Wache schlafen, um nicht gegen Gesetze zu verstoßen, sich aber keinesfalls ihre Waffen stehlen lassen. Abschließend trägt Dogberry ihnen noch auf, sich besonders um Leonatos Haus zu kümmern, da dort am nächsten Tag die Hochzeit stattfinden soll.

Dogberry und Verges verlassen die Bühne und Borachio und Conrad treten auf. Ihr Gespräch wird von den Wachen belauscht. Zuerst nimmt Borachio die Mode als Beispiel, um über die Oberflächlichkeit der Gesellschaft zu klagen und berichtet dann stolz von seinem Part in der Täuschung von Claudio und Don Pedro. Sein Plan ist gelungen, denn die beiden Männer hielten Margaret tatsächlich für Hero und glauben nun, dass diese ein heimliches Verhältnis mit Borachio habe.

Die Wachleute kommen aus ihrem Versteck und verhaften Don Johns Gefolgsleute.

Akt III, Szene 4

Hero wird für die Hochzeit vorbereitet und Margaret unterhält sich mit ihr über das Hochzeitskleid. Dabei spielt Margaret auch auf die Hochzeitsnacht an. Als Beatrice hinzukommt und über eine Erkältung klagt, wird sie von Margaret geneckt. Sie spielt immer wieder auf Beatrices Verliebtheit in Benedick an, indem sie ihr zum Beispiel die Pflanze *carduus benedictus* (dt. „Benediktenkraut") als Heilmittel empfiehlt. Schließlich ruft Ursula die Frauen, denn Hero soll zur Kirche geleitet werden.

Akt III, Szene 5

Dogberry und Verges kommen zu Leonato, um ihm von der Verhaftung Borachios und Conrads zu berichten. Der Bericht der beiden ist aber äußerst umständlich und verworren und zudem ist Leonato wegen der Hochzeit in Eile, sodass die Wachleute die Relevanz ihres Anliegens nicht deutlich machen können. Leonato versteht nicht, was tatsächlich passiert ist und beauftragt sie, die Befragung der Häftlinge selbst zu übernehmen. Ein Bote kommt, um Leonato mitzuteilen, dass die Hochzeitsgesellschaft bereits auf ihn warte.

Akt IV, Szene 1

Die Hochzeitsgesellschaft ist versammelt und ein Mönch ist anwesend, um Hero und Claudio zu vermählen. Als der Mönch fragt, ob der Vermählung etwas im Wege stehe, befragt Claudio zunächst Hero und dann Leonato, ob sie Gründe kennen, die die Hochzeit verhindern könnten. Als beide dies verneinen, klagt Claudio Hero der Untreue und Ehrlosigkeit an und weigert sich, eine Hure („an approved wanton" Z. 43) zu heiraten. Leonato nimmt zunächst an, Claudio selbst habe Hero entjungfert, doch dieser verneint. Hero kann ihren Ohren kaum trauen, aber auch Don Pedro und Don John bestätigen Claudios Anschuldigungen. Claudio fragt Hero nach den Vorkommnissen der letzten Nacht und will wissen, mit welchem Mann sie um Mitternacht von ihrem Fenster aus gesprochen habe. Hero sagt aus, mit niemanden gesprochen zu haben, worauf Don Pedro sie für schuldig befindet; denn der besagte Mann habe ihnen gegenüber eingestanden, schon tausend Stelldichein mit ihr gehabt zu haben. Claudio beklagt die Auswirkungen auf seine Person, denn er werde nie wieder einer Frau trauen können. Leonato fordert einen Dolch, um ihn gegen sich selbst zu richten und Hero fällt in Ohnmacht. Claudio, Don Pedro und Don John verlassen die Bühne. Zurück bleiben die langsam wieder zu Bewusstsein kommende Hero sowie Beatrice, Benedick, Leonato und der Mönch.

Leonato wünscht seiner Tochter den Tod, weil sie Schande über sein Haus gebracht hat. Benedick und Beatrice zweifeln die Anschuldigungen an. Da Beatrice jedoch eingesteht, dass Hero entgegen ihrer Gewohnheit in der besagten Nacht nicht mit ihr in einem Zimmer geschlafen habe, sieht Leonato die Beschuldigung als bewiesen an. Der Mönch jedoch glaubt Hero: "And in her eye there hath appear'd a fire / To burn the errors that these princes hold / Against her maiden truth." (Z. 161 ff.). Hero selbst weiß nicht einmal, welchen Mann sie getroffen haben soll. Benedick vermutet, dass Don John die beiden anderen Männer hinters Licht geführt hat. Leonato sinnt schon auf Rache für seine Tochter, aber der Mönch bremst ihn und stellt seinen Plan vor: Hero soll offiziell für tot erklärt und ihre Beerdigung in der Familiengruft inszeniert werden. Claudio werde dann, so die Vorhersage des Mönchs, seine Worte bereuen und Heros angebliche Untreue vergessen. Sollte sein Plan nicht aufgehen und Heros Unschuld nicht bewiesen werden, wird sie im Kloster leben müssen. Leonato stimmt dem Plan zu und auch Benedick verspricht seine Verschwiegenheit, trotz seiner Freundschaft zu Claudio.

Beatrice und Benedick bleiben alleine zurück und Benedick ist bemüht, Beatrice zu trösten. Beide gestehen einander ihre Liebe und Benedick bietet an, seine Liebe zu beweisen, worauf Beatrice ihn auffordert, Claudio zu töten. Benedick lehnt dies zunächst ab, wird aber wortreich von Beatrice überredet, Hero zu rächen.

Akt IV, Szene 2

Die Wachleute unter Leitung von Dogberry und Verges verhören Borachio und Conrad. Die Angeklagten selbst äußern sich nicht, aber die Wachleute berichten, was sie von dem Gespräch der beiden mitgehört haben. Der Schreiber bestätigt, dass alles so gekommen sei, wie Borachio und Conrad es in ihrem Gespräch gesagt haben. Die Männer brechen auf, um die Gefangenen an Leonato zu übergeben.

Akt V, Szene 1

Antonio versucht seinen Bruder Leonato zu trösten, doch dieser hat nicht die Geduld auf die Rehabilitation seiner Tochter zu warten. Antonio rät ihm, sich nicht selbst vor Gram zu zerfleischen, sondern seine Wut gegen Claudio zu richten. Diesen Rat nimmt Leonato gerne an. In dem Moment treten Don Pedro und Claudio auf und Leonato fordert Claudio zum Zweikampf, um seine Tochter zu rächen. Claudio will nichts davon wissen, aber Antonio mischt sich ein und will ebenfalls den Kampf mit Claudio aufnehmen. Es gelingt Don Pedro, den Kampf für den Moment zu verhindern; Leonato und sein Bruder verlassen die Bühne.

Benedick tritt hinzu und wird aufgefordert, Claudio und Don Pedro aufzuheitern. Stattdessen fordert aber auch er Claudio zum Duell. Zu Beginn wird die Drohung nicht ernst genommen und Don Pedro zieht Benedick mit Äußerungen von Beatrice über ihn auf. Schließlich müssen aber beide Männer erkennen, dass es Benedick ernst ist. Benedick berichtet den Anwesenden von Don Johns Flucht.

Die Wachen bringen ihre Gefangenen auf die Bühne; Borachio berichtet Don Pedro detailliert über die Verschwörung und über Don Johns Rolle darin. Claudios Liebe zu Hero entflammt sofort aufs Neue. Leonato kommt mit seinem Bruder und dem Schreiber, der ihnen offensichtlich alles erzählt hat, zurück auf die Bühne und klagt neben Borachio vor allem Claudio und Don Pedro an, am Tod seiner Tochter schuld zu sein. Beide bitten um Verzeihung, weisen aber darauf hin, einem Missverständnis erlegen zu sein. Sie wollen jedoch jede Buße, die Leonato ihnen auferlegt, annehmen. Leonato fordert sie auf, überall von Heros Unschuld zu berichten. Außerdem soll Claudio eine entsprechende Inschrift auf ihr Grab setzen und am nächsten Tag Heros bis dahin unbekannte Cousine, die ihr zum Verwechseln ähnlich sehen soll, heiraten. Claudio stimmt allem sofort zu. Als Leonato befiehlt, Margaret zur Rede zu stellen, beteuert Borachio, dass sie von dem Komplott nichts gewusst habe. Schließlich dankt Leonato den Wachleuten, die sich mit einem Redeschwall verabschieden.

Akt V, Szene 2

Benedick bittet Margaret um eine Unterredung mit Beatrice. Nach einem kurzen Wortwechsel voll sexueller Anspielungen holt Margaret Beatrice. Ehe diese auf die Bühne kommt, versucht Benedick sich im romantischen Gesang und Verfassen von Reimen, stellt aber fest, dass er dazu nicht in der Lage ist. Nach Beatrices Auftritt sprechen beide über ihre Liebe zueinander. Ursula tritt hinzu und berichtet, dass das Komplott gegen Hero aufgedeckt wurde. Daraufhin eilen alle zu Leonato.

Akt V, Szene 3

Am Grabe Heros liest Claudio eine Grabrede vor, in der er ihren unschuldigen Tod betrauert. Nachdem Claudio und Don Pedro die Nacht am Grab gewacht haben, gehen sie bei Morgengrauen zur Hochzeitsfeier.

Akt V, Szene 4

Bevor die beiden Männer auftreten, legt Leonato seinen Plan dar. Hero wird hinter einer Maske von Antonio zum Altar geführt, um mit Claudio vermählt zu werden. Benedick bittet den anwesenden Mönch, auch seine Vermählung mit Beatrice vorzunehmen. Leonato spielt auf den Streich an, der Beatrice und Benedick zusammengeführt hat, aber Benedick versteht ihn nicht. Als Claudio mit Don Pedro hinzutritt, bestätigt Claudio nochmals, gewillt zu sein, Leonatos Nichte zu heiraten. Es folgt ein kurzes Wortgefecht zwischen Claudio und Benedick, bevor Hero hinter einer Maske zu Claudio tritt. Als sie die Maske senkt, erkennen Claudio und Don Pedro die Braut.

Beatrice und Benedick decken in einem Zwiegespräch den Streich auf, der zu ihrer bevorstehenden Vermählung führte. Daraufhin sind beide nicht willens, einander ihre Liebe einzugestehen, bevor dies nicht der andere tut. Hero und Claudio holen je ein Schriftstück des Freundes und der Freundin hervor, in dem die Liebe zum jeweils anderen gestanden wird. Schließlich willigen beide ein, – angeblich aus Mitleid – den Bund der Ehe miteinander einzugehen.

Benedick und Claudio versöhnen sich und Benedick ruft alle zum Tanz auf. Schließlich tritt ein Bote auf und verkündet, dass Don John gefasst wurde. Das Stück endet mit Benedicks Aufforderung, die Musik möge beginnen, und dem fröhlichen Tanz der Hochzeitsgesellschaft.

Textanalyse und Interpretation

1 Aufbau

Shakespeares Komödie *Much Ado About Nothing* besteht aus fünf Akten. Handlungsort *(setting)* ist Leonatos Haus in Messina und dessen nähere Umgebung.

In der ersten Szene werden die Figuren im Wesentlichen eingeführt und das Verhältnis der einzelnen Figuren zueinander geklärt. Da aber erst in der dritten Szene Don Johns Charakter genauer beleuchtet wird, kann der gesamte erste Akt als **Exposition** *(exposition)* bezeichnet werden. Im zweiten Akt **steigt** die **Spannung** *(rising action)*. Sowohl Don Johns boshafte Intrigen als auch Don Pedros wohlwollender Verkupplungsplan werden in Gang gebracht. Während Don Pedros Plan sehr schnell zum Erfolg führt, verläuft Don Johns erste Intrige im Sand. Die zweite, sehr viel zerstörerische Intrige, kommt langsamer in Fahrt. Die Szenen, die deren Fortschreiten darstellen, werden immer wieder von fröhlicheren Szenen unterbrochen, die den Handlungsstrang um Benedick und Beatrice weiter vorantreiben.

Kurz vor dem **Höhepunkt** *(climax)* des Dramas (IV, 1[5]) wird die Handlung durch das Auftreten der Wachleute verlangsamt (III, 3 und 5). Es besteht noch die Möglichkeit, die Katastrophe zu verhindern und die Intrige aufzudecken. Die Zuschauer können noch einmal erleichtert auflachen. Es läge in der Hand der Wachleute, Don Johns Intrige zu durchkreuzen, aber sie erweisen sich als tölpelhaft und unfähig. So kommt es schließlich zur **Katastrophe** *(catastophe)*; Hero wird vor dem Traualtar verleumdet.

Nach diesem Höhepunkt wird die Intrige sehr rasch aufgeklärt, man spricht von **abfallender Handlung** *(falling action)*. Verges und Borachios Geständnis vor den Edelmännern bringt die Wende (V, 1) und ebnet den Weg für ein **glückliches Ende** *(happy ending)*, das in der letzten Szene (V, 4) mit Tanz und Musik besiegelt wird. Don John tritt nach Akt IV, Szene 1 nicht mehr in Erscheinung, über seine Flucht und abschließende Festnahme wird lediglich berichtet.

Akt I		
Szene 1	Szene 2	Szene 3
Tag 1	Tag 1	Tag 1 Abend
Messina, Leonatos Haus (im Garten)	Leonatos Haus	Leonatos Haus
• Don Pedro und seine Gefolgsleute werden empfangen • erster Schlagabtausch zwischen Beatrice und Benedick • Claudio gesteht seinen Freunden seine Liebe zu Hero	• Antonio berichtet Leonato fälschlicherweise, Don Pedro wolle Hero ehelichen • Leonato will Hero davon unterrichten	• Don John offenbart seine innere Einstellung • er erfährt von Don Pedros Plan und plant die erste Intrige
• Don Pedro schmiedet einen Plan		
• Einführung der Personen und ihres Verhältnisses zueinander • fröhliche Atmosphäre	• erstes (harmloses) Missverständnis	• Einblick in Don Johns Charakter • düstere Atmosphäre
Exposition		

Akt II		
Szene 1	Szene 2	Szene 3
Tag 1 nach der Abendmahlzeit	Tag 1 oder 2	Tag 2 Mittag
Leonatos Haus (Ballsaal)	Leonatos Haus	Leonatos Haus (im Garten)
• Maskenball • Don John erzählt Claudio, Don Pedro werbe Hero für sich • Missverständnis wird aufgeklärt, Hochzeit wird geplant • Don Pedro will Beatrice und Benedick verkuppeln	• Borachio ersinnt einen neuen Plan für Don John	• Benedick sinniert über Claudios Veränderung • Don Pedro und seine Freunde machen Benedick glauben, Beatrice sei in ihn verliebt • Benedick trifft mit Beatrice zusammen, interpretiert ihr Verhalten mit anderen Augen
• Don Johns erste Intrige läuft ins Leere • fröhliche Atmosphäre	• Beginn der zerstörerischen Intrige	• erster Schritt zur Verkupplung von Beatrice und Benedick
steigende Handlung		

Akt III				
Szene 1	Szene 2	Szene 3	Szene 4	Szene 5
Tag 2 Mittag	Tag 7	Tag 7 Abend	Tag 8 Montagmorgen	Tag 8 kurz vor der Hochzeit
Leonatos Haus (Garten)	Leonatos Haus	Messina, außerhalb des Hauses	Leonatos Haus (Heros Kammer)	Leonatos Haus
• Hero und Ursula machen Beatrice glauben, Benedick sei in sie verliebt • Beatrice ist bereit, seine Liebe zu erwidern	• Don Pedro, Claudio und Leonato machen sich über Benedick lustig • alleine mit Claudio und Don Pedro wirft Don John Hero Untreue vor	• Dogberry und Verges geben den Wachleuten unsinnige Instruktionen • Borachio berichtet Conrad von der Intrige • Wachleute verhaften Borachio und Conrad	• Hero wird für die Hochzeit angekleidet • Margaret macht derbe Witze • Beatrice wird von Margaret geneckt	• Dogberry und Verges erzählen Leonato von der Verhaftung • Leonato begreift nicht, was sie meinen
• zweiter Schritt zur Verkupplung von Beatrice und Benedick	• zunächst harmlose Wortspiele • dann Fortschreiten von Don Johns Intrige	• fast groteske Komödie • Don Johns Intrige könnte noch gestoppt werden • Spannung steigt	• heiteres Zwischenspiel	• Don Johns Intrige wird nicht aufgedeckt • Unglück nimmt seinen Lauf
steigende Handlung		Handlungsverwirrungen		

Akt IV	
Szene 1	Szene 2
Tag 8	Tag 8
Leonatos Haus (Kapelle)	Messina, außerhalb Leonatos Haus
• kurz vor der Vermählung • Hero wird der Untreue bezichtigt • Sie wird ohnmächtig • Beatrice beteuert Heros Unschuld • Bruder Francis schlägt einen Plan zu Heros Ehrenrettung vor • Beatrice und Benedick gestehen einander ihre Liebe • Beatrice überredet Benedick, Claudio zum Duell zu fordern	• Wachleute verhören Borachio und Conrad • ein Wachmann berichtet, was er belauscht hat • der Schreiber bestätigt, dass Hero verleumdet wurde und Don John die Stadt verlassen hat
• Don Johns Intrige ist erfolgreich, die Ehe wird nicht geschlossen • die Ehre der Beteiligten steht auf dem Spiel	• groteskes Verhör • Einleitung des Wendepunktes
Höhepunkt	abfallende Handlung

Akt V			
Szene 1	Szene 2	Szene 3	Szene 4
Tag 9	Tag 9	Tag 10 frühe Morgenstunden	Tag 10
Leonatos Haus	Leonatos Haus	Heros Grab	Leonatos Haus
• Leonato klagt Don Pedro und Claudio an, an Heros Tod Schuld zu sein • Leonato, Antonio und Benedick fordern Claudio zum Duell • Wachleute führen Borachio und Verges herein; diese gestehen • Claudio und Don Pedro sollen an Heros Grab deren Unschuld beteuern • Claudio soll Leonatos (fiktive) Nichte heiraten	• Benedick bemüht sich vergeblich, ein Liebesgedicht zu schreiben • Liebesgeplänkel zwischen Beatrice und Benedick • sie erfahren, dass Don Johns Intrige aufgedeckt wurde	• Claudio und Don Pedro wachen an Heros Grab • Claudio hält eine Grabrede	• Claudio und Hero werden vereint • Benedick hält um Beatrices Hand an • ein Bote berichtet von Don Johns Verhaftung
• die Intrige ist aufgeklärt		• Claudio und Don Pedro tun Buße	• Happy End
Wendepunkt	abfallende Handlung		Dénouement

2 Personenkonstellation und Charakterisierung

In der Komödie treten zahlreiche Figuren adliger Herkunft sowie deren Diener, Dienerinnen und Gefolgsleute auf. Der ranghöchste Vertreter dieser Adelsgesellschaft ist **Don Pedro**, Prinz von Aragon. Darüber hinaus kommen ab Akt III, Szene 3 Wachleute und ab Akt IV ein Geistlicher hinzu. Im Mittelpunkt des Stückes steht die Beziehung zwischen **Hero** und **Claudio**, die von **Don John** und seinen Leuten verhindert werden soll. Ein weiterer Handlungsstrang rankt sich um die Liebesbeziehung zwischen **Beatrice** und **Benedick**. Deren Liebe soll nicht durch eine Intrige zerstört, sondern entfacht werden.

von links nach rechts: Don John, Don Pedro, Beatrice, Benedick, Hero, Claudio

Aufgrund der verschiedenen Ränkespiele ändert sich die Konstellation der Personen im Laufe des Dramas deutlich. Folgende Schaubilder verdeutlichen diese Veränderung.

Personenkonstellation zu Beginn der Komödie

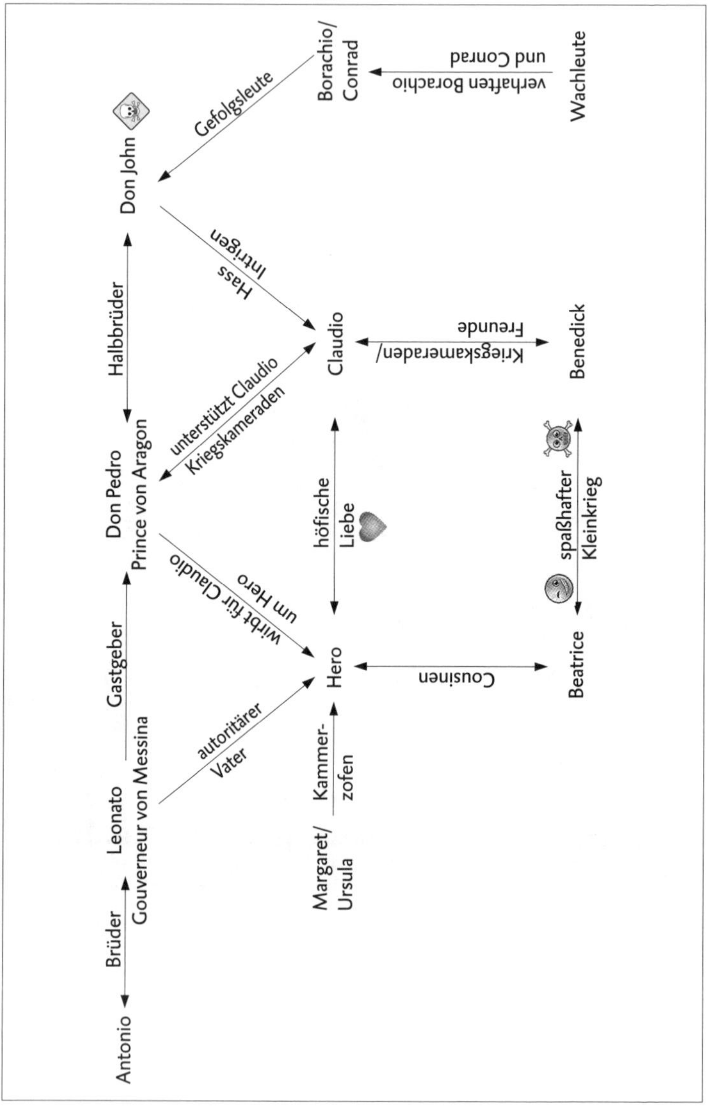

Personenkonstellation nach Akt IV, Szene 1

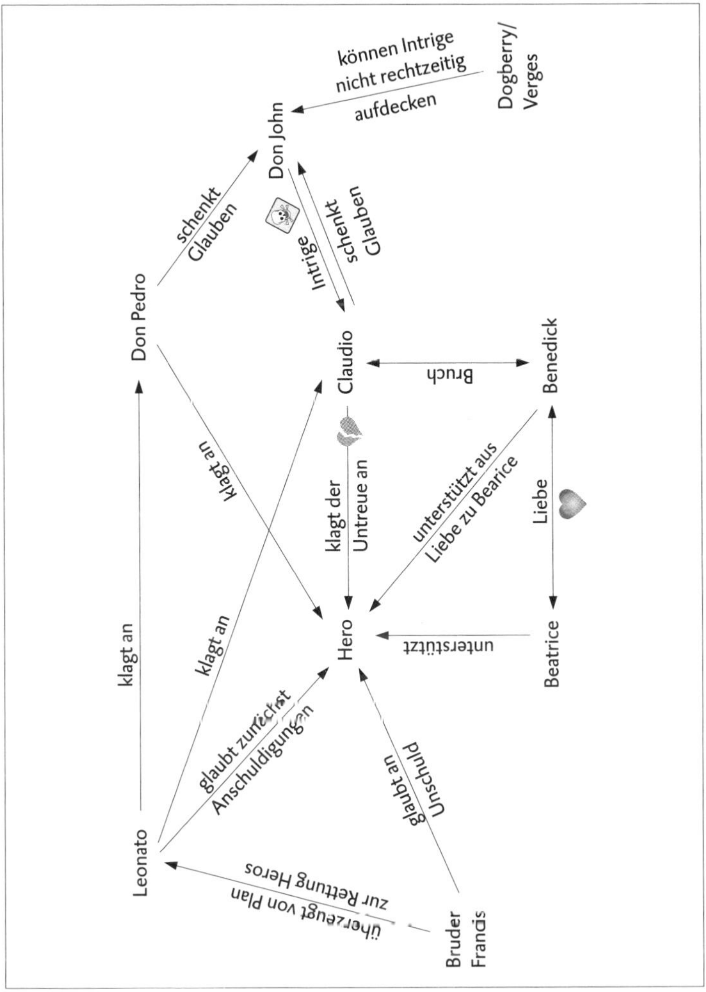

Benedick

Benedick, ein junger Edelmann aus Padua, gehört zu Don Pedros Gefolgschaft und ist eng befreundet mit Claudio. Aufgrund seiner zahlreichen, geistreichen und oft lustigen Wortgefechte mit Beatrice und weil er neben Beatrice der einzige Charakter ist, der eine Veränderung durchläuft, ist er eine besonders interessante und schillernde Figur.

Das erste Mal, dass der Zuschauer von Benedick hört, ist durch eine Fremdcharakterisierung aus Beatrices Mund (I, 1, 28 ff.). Beatrice hat wenig Schmeichelhaftes über ihn zu sagen. Unter anderem bezeichnet sie ihn als Frauenheld, der nicht nur in Bezug auf die Wahl der Damen (I, 1, 35 ff.), sondern auch bezogen auf seine männlichen Begleiter wenig Konstanz zeigt (I, 1, 64 f.). Hier findet sich auch erstmalig eine Bezugnahme auf die wechselnde Mode, die in dem Stück die Wechselhaftigkeit der Menschen symbolisiert. "He wears his faith but as the fashion of his hat; it ever changes with the next block." (I, 1, 66–68). Des Weiteren stellt Beatrice sich selbst als Benedick überlegen dar, habe er doch in ihrem letzten Wortgefecht vier seiner fünf Sinne eingebüßt (I, 1, 57 ff.). Während Benedick die erste Äußerung, er sei ein Frauenheld, zumindest verbal deutlich unterstützt, werden die anderen beiden Einschätzungen weder durch seine Worte noch durch seine Taten gerechtfertigt.

Während des Maskenballs nutzt Beatrice die Chance, Benedick zu verspotten und zu beleidigen, ohne dass dieser sich adäquat wehren könnte, weil er hinter seiner Maske versteckt ist. Sie nennt ihn „the prince's jester *[Hofnarr]*" (II, 1, 126) und „a very dull fool" (ebd.). Wenn Benedick später Don Pedro von dieser Unterhaltung berichtet, wird deutlich, dass besonders diese Bemerkungen sein Selbstbewusstsein gekränkt haben (vgl. II, 1, 221 ff.). In der Tat zeugen seine Äußerungen von **Bildung und Esprit**, beruft er sich doch vielfach neben der Bibel (z. B. II, 1, 232 ff.) auch auf die antike Literatur (z. B. II, 1, 234 ff.) sowie auf Volksweisen. Und auch in der Replik, in der er seinen Zorn

Beatrice gegenüber zum Ausdruck bringt, verliert er seinen Witz nicht (vgl. II, 1, 229 ff.). Seine Schimpftiraden und Vergleiche sind so übertrieben, dass sie schon wieder komisch sind. All dies ist Zeichen seines geistreichen Witzes und zeigt, dass Beatrices Einschätzung keineswegs zutrifft (vgl. S. 44/45).

Benedick behauptet von sich, dass er von allen Frauen außer Beatrice geliebt werde, ihre Liebe aber nicht erwidere (vgl. I, 1, 112 ff.). Benedick bezieht sich bei dieser Ablehnung des anderen Geschlechts aber nur auf die **Ehe**, denn wie aus den oben genannten Bemerkungen Beatrices wie auch aus Don Pedros Anspielung auf Benedicks Liebesabenteuer in Venedig (vgl. I, 1, 247 f.) hervorgeht, ist er kein Frauenverachter, sondern eher ein Frauenheld. Dass die Rolle des Frauenhassers eben nur eine Rolle ist, die er je nach Bedarf und Situation spielt, zeigt sich in seiner Reaktion auf Claudios Frage nach seiner Meinung zu Hero: "Do you question me as an honest man should do, for my simple true judgement, or would you have me speak after my custom, as being a professed tyrant to their sex?" (I, 1, 151 ff.). In Männergesellschaft erklärt er die Hintergründe seiner Einstellung zur Ehe sehr deutlich. Er fürchtet zum einen den Verlust seiner Freiheit (vgl. I, 1, 182 ff.) und zum anderen fürchtet er, betrogen zu werden. Daher die wiederholte Verwendung des Bildes eines Gehörnten (z. B. I, 1, 180 f. und 219 ff.). Diese Furcht war im Elisabethanischen Zeitalter nicht unbegründet, denn wie Frauen, die des Ehebruchs schuldig waren, diszipliniert und bestraft wurden, wurden auch Ehemänner, die ihren Frauen keinen Einhalt gebieten konnten, der öffentlichen Schande preisgegeben. So schließt Benedick die Möglichkeit sich zu verlieben für sich kategorisch aus (vgl. I, 1, 226 ff.). Gerade deshalb heckt Don Pedro den Plan aus, Benedick mit Beatrice zu verkuppeln, teilt diese doch Benedicks Einstellung in diesem Punkt. Dass der Plan gelingt und Benedick nur allzu gerne und schnell bereit ist, an Beatrices Liebe zu glauben und diese zu erwidern, zeigt, dass er diese Haltung eher als Selbstschutz annimmt.

Seine **Veränderung**, nachdem er glaubt, von Beatrice geliebt zu werden, ist daher auch radikal. Zu Beginn der Komödie macht er sich noch über den verliebten Claudio lustig und prophezeit ihm eine düstere Zukunft. Kurz darauf beklagt er dessen Wandel vom Soldaten zum Poeten, der nur noch Liebesverse dichtet und seine Rüstung gegen die neueste Mode tauscht (vgl. II, 3, 6 ff.). Sobald er aber von Beatrices angeblicher Liebe erfahren hat und diese erwidert, setzen vergleichbare Veränderungen auch bei ihm ein. Auch er kleidet sich nun nach der Mode, frisiert und parfümiert sich, ist melancholisch. Und wie er Claudio zuvor verspottete, ist er nun selbst der Häme seiner Begleiter ausgesetzt, die diese Veränderungen zu Recht als Zeichen seiner Verliebtheit auslegen (vgl. III, 2). In der zweiten Szene des fünften Aktes versucht Benedick sich sogar im Singen und Dichten – damals gängige Wege seine Liebe auszudrücken. Beides aber will ihm nicht gelingen: "Marry, I cannot show it [my love] in rhyme. I have tried. [...] No, I was not born under a rhyming planet, nor I cannot woo in festival terms." (V, 2, 33 ff.).

Damit wird deutlich, dass Benedicks Liebe von der konventionellen Liebe, wie Claudio sie zeigt, abweicht. Als Benedick und Beatrice sich nach Heros Verleumdung ihre Liebe gestehen, bietet er ihr in äußerst konventioneller Form einen Liebesbeweis an: "Come bid me do anything for thee." (IV, 1, 286), wird aber durch Beatrices höchst ungewöhnliche Aufforderung, Claudio zu töten, überrascht und reagiert wiederum sehr ungewöhnlich und spontan: "Ha! Not for the wide world." (IV, 1, 288). Die üblichen Liebesbeweise sind für dieses Paar einfach nicht geeignet, da die beiden selbst für ihre Zeit höchst ungewöhnlich sind. So beweist Benedick seine Liebe sehr viel effektiver, als er z. B. nach Heros Verleumdung die Bühne nicht mit seinen Freunden verlässt, sondern bei Beatrice und Hero bleibt. So markiert er deutlich einen Wechsel in seinen Allianzen. Dass Benedick sich aber doch von Beatrice zum Duell mit Claudio überzeugen lässt, zeigt zum einen seine tiefe Liebe für sie und belegt zum anderen – zumindest aus heutiger Sicht – seine **moralische Überlegenheit** gegenüber Claudio, weil er dessen unmoralische Tat rächen will.

Benedick ist somit eine **komplexe Figur** *(round character)*, die sich im Laufe des Dramas wandelt. Dabei ist die Wandlung nicht so radikal wie sie auf den ersten Blick scheinen mag, weil ein Teil seines anfänglichen Verhaltens als Rolle, die er bewusst und mit Freude spielt, entlarvt wird, nachdem er Don Pedros Plan erlegen ist.

Beatrice

Beatrice wird im Personenregister als Leonatos Nichte aufgeführt. Damit ist von Anfang an klar, dass Beatrice als Frau ohne Bindung an einen Vater oder Ehemann viel größere gesellschaftliche Freiheiten genießt als ihre Cousine Hero. Dies bestätigt sie gleich bei ihrem ersten Auftritt, wenn sie in das Gespräch zwischen Leonato und dem Boten eingreift mit den Worten: “I pray you, is Signor Montanto returned from the wars, or no?” (I, 1, 28 f.). Hier nimmt sie sich die Freiheit, ein Gespräch zwischen Männern zu unterbrechen, dazu noch mit einer Bemerkung, die einen anderen Mann beleidigen soll. Hier zeigen sich zwei wesentliche Eigenschaften, die sich durch das gesamte Stück ziehen: Beatrice ist sehr **offenherzig**, sagt, was sie denkt und tritt auch Männern gegenüber **selbstbewusst** auf. Beides sind Eigenschaften, die für Frauen im Elisabethanischen Zeitalter höchst ungewöhnlich, ja sogar unschicklich, waren.

Demzufolge erntet Beatrices **unkonventionelles Verhalten** auch immer wieder Kritik. Neben Benedick, der sie als „Lady Disdain“ (I, 1, 107) tituliert, kommt Kritik vor allem von der eigenen Familie (vgl. II, 1, 16 f.). Diese manifestiert sich besonders in der Täuschungsszene, wenn Hero Beatrice als **stolz** und **selbstverliebt** bezeichnet und ihren kränkenden Spott anprangert (vgl. III, 1, 47 ff.). Damit trifft sie Beatrices wunden Punkt, denn eben diese Fremdeinschätzung veranlasst Beatrice, ihre Haltung aufzugeben:

What fire is in mine ears? Can this be true? / Stand I condemn'd for pride and scorn so much? / Contempt, farewell; and maiden pride, adieu. / No glory lives behind the back of such. (III, 1, 107 ff.)

Andererseits erfährt sie auch Zustimmung für ihre klaren Einschätzungen, z. B. von Leonato, als sie über die Ehe spricht: "Cousin, you apprehend passing shrewdly." (II, 1, 72)

Beatrice redet nicht nur viel (nach Benedick ist sie die Figur mit dem höchsten Redeanteil), sondern ist dabei auch sehr **wortgewandt**. Sie ist in ihrer Rede aber auch **verletzend**, insbesondere wenn ihre Äußerungen Benedick betreffen. Dieser beschwert sich Don Pedro gegenüber: "She [Beatrice] speaks poniards, and every word stabs." (II, 1, 229). In ihrer Redegewandtheit scheint sie Benedick noch zu übertreffen, denn bei den meisten Zusammentreffen der beiden behält Beatrice die Oberhand. Beim ersten Aufeinandertreffen beendet Benedick das Gespräch mit den Worten: "But keep your way, o' God's name. I have done." (I, 1, 129 f.) womit er deutlich signalisiert, dass er aufgibt und die Unterhaltung für ihn beendet ist. Auf dem Maskenball ist sie in der überlegenen Position, weil sie offensichtlich trotz Maske bereits erkannt wurde, während Benedick seine Identität weiter geheim halten möchte und daher nicht mit seiner üblichen Eloquenz glänzen kann (vgl. II, 1, 114 ff.). Die nächsten Treffen sind dann bereits durch die gelungene Täuschung beeinflusst. Nach der Hochzeitsszene gelingt es Beatrice, Benedick davon zu überzeugen, Claudio zum Duell herauszufordern, sodass sie auch in diesem Gespräch überlegen ist.

Trotz all dieser Wortgefechte spricht einiges dafür, dass Beatrice schon vor der Täuschung ein gesteigertes Interesse an Benedick hatte. Ihre ersten Worte gelten ihm und beim ersten Zusammentreffen ist sie es, die das Gespräch mit ihm beginnt. Ihrer Beobachtung "I wonder that you will still be talking, Signor Benedick; nobody marks you." (I, 1, 105 f.) widerspricht sie implizit selbst, weil sie selbst Benedick eben doch zur Kenntnis nimmt.

Dass beide Figuren am Ende zusammenfinden, ist in der Konzeption der Charaktere bereits angelegt, denn sie weisen neben ihrer Eloquenz und den verwandten Namen (Beatrice bedeutet „die Segenbringende", Benedick „der Gesegnete") noch weitere **Gemeinsamkeiten** auf. Wie Benedick ist Beatrice nicht gewillt, in den Bund der **Ehe** einzutreten. Diese verläuft ihrer Meinung nach stets in drei Schritten: „[W]ooing, wedding, and repenting" (II, 1, 64 f.) und endet eben unweigerlich mit dem Bedauern, die Ehe eingegangen zu sein. Die Tatsache, dass sie Benedick verachtet, obwohl er ihr männliches Äquivalent ist, weist darauf hin, dass auch sie die Rolle der Ehefeindin eher spielt als überzeugt davon ist. Schließlich ist sie ebenso schnell wie Benedick bereit, die Ehe mit ihm einzugehen, nachdem sie von seiner angeblichen Liebe zu ihr erfahren hat. Sie entschließt sich sogar, ihre eigene Unbeherrschtheit zu zügeln (vgl. III, 1, 111 f.). Während Heros Verlobung erkennt sie, dass ihre Haltung sie in gewissem Maße von der Gesellschaft ausschließt: "Thus goes everyone to the world but I, and I am sunburnt. I may sit in a corner and cry 'Heigh-ho for a husband.'" (II, 1, 295 ff.).

Desweiteren haben beide gemeinsam, dass sie auch nach dem Eingestehen ihrer Liebe **unkonventionelle Liebende** bleiben. Beatrice erwartet mehr von Benedick als die üblichen Liebesbeweise in verbaler Form. Auf Beatrices Drängen erklärt er sich bereit, sich für Hero an Claudio zu rächen. Gerade diese Forderung unterstreicht aber auch Beatrices **moralische Größe**. Angesichts Heros Krise steht sie ohne jeden Zweifel zu ihrer Cousine. Hier zeigt sich auch, dass ihre Ablehnung vielleicht nie wirklich der Ehe galt, sondern vielmehr der ungleichen Rollenverteilung zwischen Mann und Frau. Sie klagt die weibliche Ohnmacht angesichts der falschen Anschuldigungen durch sozial höhergestellte Vertreter des männlichen Geschlechts an:

> *Princes and counties! Surely a princely testimony, a goodly count; [...] O that I were a man for his sake! Or that I had any friend would be a man for my sake! But manhood is melted into curtsies, valour into compliment, and men are only turned into tongue, and trim ones, too.* (IV, 1, 312 ff.)

In Benedick hat sie nun einen Mann gefunden, der den Worten eben auch Taten folgen lässt.

Am Ende des Stückes, wenn Benedick und Beatrice die Täuschung erkennen, die zu ihrer Liebe geführt hat, und sie dennoch beschließen, sich zu vermählen, geschieht dies mit Worten, die für beide Charaktere typisch sind. Beide sind stolz und es fällt ihnen schwer, zu ihren Gefühlen zu stehen. Benedick gibt vor, Beatrice nur aus Mitleid zu heiraten: "Come, I will have thee. But by this light, I take thee for pity." (V, 4, 92 ff.), während Beatrice vorgibt, sein Leben retten zu wollen, weil er sich angeblich vor Liebe verzehre: "I yield upon great persuasion, and partly to save your life, for I was told you were in a consumption." (V, 4, 94 ff.)

Wie Benedick ist auch Beatrice eine **komplexe Figur** *(round character)* und auch ihre Wandlung von der Eheverächterin zur Braut ist von Beginn an angelegt. Das heutige Publikum lädt sie besonders zur Identifikation ein, weil ihre Wertvorstellungen am ehesten heute noch Bestand haben und ihre Handlungen dadurch nachvollziehbar sind.

Claudio

Der junge Graf Claudio wird in der Komödie mit den Worten Leonatos eingeführt: "I find here that Don Pedro hath bestowed much honour on a young Florentine called Claudio." (I, 1, 8 ff.). Der Bote ergänzt: "He hath borne himself beyond the promise of his age, doing in the figure of a lamb the feats of a lion." (I, 1, 12 ff.). Damit wird Claudio als ein junger, heldenhafter Soldat beschrieben und entspricht somit dem damals vorherrschenden **Idealbild eines jungen Mannes**. Damit bildet er den Gegensatz zu Benedick, der nicht den Konventionen der damaligen Gesellschaft entspricht. Anders als dieser macht Claudio auch **keine Veränderung** durch *(flat character)*.

Als Don Pedro mit seinen Soldaten nach gewonnener Schlacht nach Messina kommt, steht für Claudio die Liebe im Vordergrund. Seine ersten Worte gelten der schönen Hero: "Benedick, didst thou note the daughter of Signor Leonato?" (I, 1, 147 f.). „Note"(= bemerken) bezieht sich auf das äußere Erscheinungsbild Heros und in dieses ist Claudio verliebt. Er schwärmt von ihrer Schönheit und bezeichnet sie als kostbares Juwel: "Can the world buy such a jewel?" (I, 1, 165). Insbesondere mit dieser Übertreibung wird er als **konventioneller Liebhaber** charakterisiert. Seine Zukünftige wählt er aus rationalen und nicht aus emotionalen Beweggründen. Dies wird auch deutlich, wenn er Don Pedro nach möglichen Söhnen Leonatos befragt. Don Pedro weiß natürlich, worauf Claudios Frage abzielt und antwortet: "No child but Hero. She's his only heir." (I, 1, 269). Während Claudios indirekte Frage nach der Mitgift heute auf Unmut treffen mag, so war es im Elisabethanischen Zeitalter eine Frage, die Vernunft und Besonnenheit zeigte.

Gerade aufgrund der Bedeutung, die Claudio **Äußerlichkeiten** und seiner eigenen **Ehre** zumisst, gelingt es Don John zweimal, ihn zu täuschen. Beide Male zögert er nicht lange, Hero nicht nur aufzugeben, sondern auch anzuklagen. Bei der ersten Täuschung auf dem Maskenball verurteilt Claudio nicht etwa Don Pedros angebliches Verhalten, sondern gibt die Schuld daran indirekt Hero: "beauty is a witch / Against whose charms faith melteth into blood." (II, 1, 167 f.). Don Pedro kann er kaum einen Vorwurf machen, da er von dessen Gunst abhängig ist und er dessen gesellschaftliche Position achtet.

Er glaubt Don John auch ein zweites Mal, obwohl dieser ihn schon einmal in die Irre geführt hat, eben weil er dem Wort eines Mannes den entsprechenden Stellenwert einräumt. Claudio glaubt Hero am Fenster zu sehen. Die Täuschung beruht hier also auf dem **äußeren Schein**, was Claudios Vorliebe für „noting“ unterstreicht. Das Fokussieren auf den drohenden Ehrverlust ermöglicht es ihm nicht, Zweifel an dem Gesehenen aufkommen zu lassen.

Nach Heros scheinbarem Tod zeigt Claudio keine Gefühle der Trauer oder gar der Schuld. Nach der Hochzeitsszene fragt er Leonato sogar, wem dieser unrechtes Verhalten vorwerfe. Dies bringt ihm dann auch von Leonato den Vorwurf der Heuchelei ein (vgl. V, 1, 62 f.). Selbst nachdem Claudio von der Intrige erfährt, ist er zwar bereit jede Strafe, die Leonato ihm auferlegt, anzunehmen, er sieht sein eigenes Mitwirken an Heros Verhängnis aber nicht: “Impose me to what penance your invention / Can lay upon my sin. Yet sinn’d I not / But in mistaking.” (V, 1, 266 ff.). All dies unterstreicht, dass Claudio sich selbst als Mann sieht, der nichts anderes getan hat, als seine Ehre zu verteidigen. Im Elisabethanischen Zeitalter trügt ihn dieses Selbstbild auch nicht. Aus moderner Sicht fällt die Einschätzung anders aus; daran vermag auch seine Grabrede und sein Versprechen, jährlich an Heros Grab um sie zu trauern (vgl. V, 3, 23), wenig ändern. (Vgl. Rezeptionsgeschichte S. 70)

Hero

Hero, die schöne junge Tochter Leonatos, ist eine **typische Vertreterin des weiblichen Geschlechts** im Elisabethanischen Zeitalter. Sie entspricht voll und ganz dem männlichen Weiblichkeitsideal, da sie neben ihrer Schönheit gehorsam, schweigsam und – entgegen aller Anschuldigungen – sittsam ist. Sie ist somit ein Gegenpol zur unkonventionellen Beatrice – genau wie Claudio zu Benedick. Im Unterschied zu Beatrice verändert sich Hero nicht und ihr Charakter ist **kaum individualisiert** *(flat character)*. Betrachtet man also die beiden Paare, so kann eine gewisse Symmetrie festgestellt werden. Auf der einen Seite treffen zwei konventionelle, flache und eher blasse Charaktere aufeinander, auf der anderen deren Gegensätze (vgl. S. 58).

Im gesamten ersten Akt spricht Hero nur eine Zeile (vgl. I, 1, 33) und obwohl ihre Person häufig im Zentrum des Interesses steht, tritt sie selbst erst in Akt II, Szene 1 nennenswert in Erscheinung. Gerade wenn es um sie geht, scheint sie zu verstummen (vgl. S. 52/53).

Dass sie aber dennoch geistreich und wortgewandt kommunizieren kann, beweist sie im Gespräch mit Don Pedro auf dem Maskenball (vgl. II, 1, 79 ff.) und wenn sie Ursula gegenüber Beatrice scharf angreift, um diese dazu zu bringen, sich in Benedick zu verlieben. Hier entsteht geradezu der Eindruck, dass Hero die Möglichkeit genießt, ihrer Cousine einen Spiegel vorzuhalten (vgl. III, 1, 51 ff.). Auch wenn diese Worte in erster Linie gesprochen werden, um Beatrice in die Falle zu locken, so scheint Hero doch auch die Gelegenheit zu nutzen, einmal Oberhand über die Cousine zu gewinnen. Wie Unterhaltungen zwischen den beiden üblicherweise verlaufen, lässt sich aus einer anderen Replik Heros in der gleichen Szene ablesen: "If I should speak, / She would mock me into air; O, she would laugh me / Out of myself, press me to death with wit." (III, 1, 75 ff.).

Insgesamt bleibt Hero jedoch eine sehr **passive Figur**, die vor allem Don John als Spielball seiner Intrigen dient. Dabei geht es gar nicht einmal um ihre Person, sondern nur um ihre Verbindung zu Claudio, der das eigentliche Ziel der Intrigen ist. Ob sie Claudio tatsächlich liebt und ihn aus freiem Willen heiraten will, wird zu keiner Zeit thematisiert und ist auch nicht relevant, da sie als pflichtbewusste Tochter dem Wunsch ihres Vaters entsprechen wird. Dass Hero sich nicht gegen eine Hochzeit mit Claudio zur Wehr setzt, obwohl dieser sie öffentlich gedemütigt hat, liegt vor allem in ihrem Gehorsam gegenüber dem Vater begründet. Zudem zeigt sie ein hohes Maß an Vergebung, wenn sie bei der abschließenden Hochzeitsfeier Claudio nur indirekt einen Vorwurf macht: "And when I liv'd I was your other wife; /

And when you lov'd, you were my other husband." (V, 4, 60 f.).

Hero verändert sich also über das gesamte Stück nicht und erfüllt stets pflichtbewusst die ihr zugedachte Rolle.

Nebenfiguren

Don John ist als unehelicher Bruder Don Pedros von Beginn an als **Charakter niederer Wertigkeit** eingeführt. Uneheliche Kinder durften im Elisabethanischen Zeitalter keinen Besitz erwerben oder erben. Sie durften kein öffentliches oder kirchliches Amt bekleiden und auch nicht heiraten. Dies erklärt Don Johns Position als **Außenseiter**, der zudem völlig von der Gunst seines Bruders abhängig ist, gegen den er sich offensichtlich erst vor kurzem vergeblich versuchte aufzulehnen.

Hinzu kommt eine weitere Disposition, die nach elisabethanischer Überzeugung Don Johns Verhalten unabdingbar vorherbestimmt. Er wird von Hero als **Melancholiker**[6] charakterisiert (vgl. II, 1, 5), was ihn von vorneherein als kühlen, langsamen, boshaften und verleumderischen Typen festlegt. Diese Ausgangslage muss als Motivation für Don Johns Intrigen genügen, denn ein echtes Motiv hat er kaum. Sicherlich kommt es ihm gerade recht, dass sein Plan Claudio trifft, der von seiner Niederlage offensichtlich besonders profitiert: "That young start-up hath all the glory of my overthrow. If I can cross him any way, I bless myself every way." (I, 3, 57 ff.).

Im Gespräch mit seinen Gefolgsleuten charakterisiert Don John sich ausführlich selbst und demonstriert dabei zugleich seine **Selbstzentriertheit**, die sich durch die häufige Verwendung des Personalpronomens „I" manifestiert. Er sieht sich als ausgemachten Bösewicht, der es bedauert, dass er nicht so handeln kann wie er gerne möchte:

> *I am a plain-dealing villain. I am trusted with a muzzle, and enfranchised with a clog. Therefore I have decreed not to sing in my cage. If I had my mouth I would bite. If I had may liberty I would do my liking.* (I, 3, 27 ff.)

Don John ist nicht willens, sein Verhalten den gesellschaftlichen Normen anzupassen (vgl. I, 3, 10 ff.). Dementsprechend wird er von den anderen Charakteren wahrgenommen. Er wird überhaupt nur akzeptiert, weil sein Bruder sich mit ihm versöhnt hat. Beatrice erklärt, dass seine Anwesenheit sie krank macht: "How tartly that gentleman looks. I never can see him but I am heartburned an hour after." (II, 1, 3 f.). Überwiegend tritt er mit seinen Gefolgsleuten fern der anderen Figuren auf, in deren Gesellschaft wir ihn nur erleben, wenn er seine Intrigen in die Tat umsetzt.

Insgesamt ist Don John aber kein ausdifferenzierter Charakter, sondern lediglich ein Vertreter einer **stereotypen Figur** des elisabethanischen Theaters, die für den Verlauf der Handlung notwendig ist.

Die Wachleute unter der Führung von Wachtmeister Dogberry und seinem Vertreter Verges treten erstmals in Akt III, Szene 2 auf, unmittelbar nachdem Don John Claudio und Don Pedro von Heros angeblicher Untreue erzählt hat. An dieser Stelle drohenden Unheils erheitern die Wachleute das Publikum durch ihr tölpelhaftes und verbal ungeschicktes Auftreten und **sichern** damit den **komödiantischen Charakter** des Stückes. Das gleiche gilt für ihr Verhör der Missetäter unmittelbar nach der Hochzeitsszene in Akt IV, Szene 2. Sie wirken außerdem als **retardierende Elemente**, da sie die Handlung an spannenden Momenten unterbrechen.

Komisch sind die Wachleute vor allem aufgrund ihrer **Sprache**. Was sie sagen und wie sie es sagen lädt zum Lachen ein. Ihr Dialog illustriert ihre Inkompetenz, denn die von ihnen in Akt III, Szene 3 beschriebenen Verhaltensweisen werden ihrem Beruf alles andere als gerecht. Sie nehmen nur Verbrecher fest, die sich bereitwillig verhaften lassen, verschlafen den Großteil ihrer Wache und halten sich von unehrenhaften Menschen fern, um nicht selber in Verruf zu geraten. Alles in allem gehen sie davon aus, dass Probleme sich von alleine lösen.

Dogberry und Verges sind in ihren Repliken darum bemüht, sich eloquent zu zeigen, scheitern dabei aber kläglich (vgl. S. 45) und wirken daher komisch. Diese Vertreter des Bürgertums bringen insbesondere die *groundlings*[7] zum Lachen. Dabei fühlen sich weder die einfachen Leute noch das Bürgertum selbst der Lächerlichkeit preisgegeben, weil Shakespeare sich nur über diejenigen lustig macht, die nach mehr streben, als es ihrem Stand und ihren Fähigkeiten entspricht.

Den Wachleuten gelingt es zufällig, bezeichnenderweise in Abwesenheit ihrer Vorgesetzten, von der Intrige zu erfahren und Borachio und Conrad zu verhaften. Zwar haben Dogberry und Verges die Gelegenheit, Leonato von der Verhaftung zu berichten, aber aufgrund ihrer sprachlichen Verschrobenheit können sie Leonato die Relevanz für die bevorstehende Hochzeit nicht deutlich machen. Ihre Aufgeblasenheit und Überheblichkeit steht ihnen im Weg.

Dass gerade diese inkompetenten und gegen ihren Willen komischen Wachleute die Intrige aufdecken, kann als Kritik an den Aristokraten gedeutet werden, die trotz ihrer sprachlichen und intellektuellen Überlegenheit auf die einfachen Wachleute angewiesen sind, um ein grobes Unrecht zu richten.

Ähnlich wie Don John sind die Wachleute aber keine ausgearbeiteten Charaktere. Shakespeare greift hier vielmehr mit dem inkompetenten Amtmann eine **typische Figur des elisabethanischen Theaters** auf.

Don Pedro, Prinz von Aragon, ist die **ranghöchste Figur** in dem Stück und lenkt daher auch einen Großteil der Handlung. Wie sein Bruder Don John steckt Don Pedro hinter einer maßgeblichen Intrige, nämlich dem Plan, Beatrices und Benedicks Liebe füreinander zu entflammen. Im Gegensatz zu Don John führt Don Pedro aber Gutes im Schilde.

Seine Rolle bei der Verleumdung Heros ist dagegen weniger rühmlich. Er glaubt sehr schnell den Anschuldigungen seines Bruders, obwohl er sich gerade erst wieder mit diesem versöhnt hat und gewisse Vorbehalte gegen ihn haben sollte. Da er das Band zwischen Claudio und Hero geknüpft hat, ist er jetzt auch mit verantwortlich und auch seine **Ehre** steht auf dem Spiel.

Nachdem Don Johns Intrige aufgedeckt wird, akzeptiert Don Pedro (wie Claudio) zwar seine eigene Mitschuld nicht, ist aber immerhin bereit, jede Strafe Leonatos anzunehmen (vgl. V, 1, 268 ff.). Dass die Strafe für ihn als Prinzen nicht sehr hart ausfallen wird, dürfte ihm dabei durchaus bewusst sein.

Leonato und Antonio: Leonato ist der Gouverneur von Messina, Antonio sein Bruder. Leonato ist seine **soziale Stellung** besonders wichtig und er ist stets darauf bedacht, diese zu verbessern. So begrüßt er Don Pedro, den Prinzen von Aragon, und seine zahlreiche Gefolgschaft überschwänglich (vgl. I, 1, 89 ff.). Die Vermählung seiner einzigen Tochter stellt für ihn eine gute Gelegenheit dar, seine eigene soziale Position zu verbessern. Daher reagiert er hocherfreut auf die (falsche) Nachricht, Don Pedro wolle um Hero anhalten (vgl. I, 2, 18 ff.). Selbst als das Missverständnis aufgeklärt wird, kann es Leonato gar nicht schnell genug gehen, seine Tochter zu verheiraten (vgl. II, 1, 280 ff.). Dass er Hero nicht nach ihrer Meinung fragt, ist in der patriarchalischen Gesellschaft des Elisabethanischen Zeitalters nicht ungewöhnlich. Der Vater ist verantwortlich für die Wahl eines vorteilhaften Bräutigams. In Claudios Fall besteht der Vorteil vor allem in seinem Adelstitel.

Auch bei der Hochzeitsfeier drängt Leonato auf eine schnelle Zeremonie, indem er immer wieder Claudios Antworten vorwegnimmt (vgl. IV, 1, 7/17). Als er aber verstanden hat, dass Claudio Hero der Unzucht anklagt, verstößt er seine Tochter, ohne lange zu zögern. Er glaubt dem Wort dreier Edelmänner eher als Heros Unschuldsbeteuerungen. Die ständige Wiederkehr von Personalpronomen der ersten Person Singular (vgl. IV, 1, 119 ff.) unterstreicht dabei seinen Egozentrismus, denn es geht auch ihm (ebenso wie Claudio und Don Pedro) nur um seine eigene Ehre.

Nachdem er durch den Priester von Heros Unschuld überzeugt wurde, sinnt er auf Rache an Claudio und fordert diesen zum Duell. Da der Zuschauer weiß, dass Hero noch lebt und es Leonato also nicht darum geht, ihren Tod zu rächen, erkennt er, dass Leonato auch hier wieder von **gekränkter Eitelkeit** angetrieben wird. Angesichts des Altersunterschiedes und Claudios Kriegserfahrenheit erscheint Leonatos Vorhaben aber eher **lächerlich**, zumal Claudio Leonato zunächst gar nicht ernst nimmt. Als Antonio ebenfalls seinen Willen zum Duell bekundet, schlägt die Szene beinahe in eine Farce um und gibt die beiden Alten der Lächerlichkeit preis. Leonato unterbricht seinen Bruder fortwährend. Antonios Beleidigungen sind eher komisch als verletzend: „Boys, apes, braggarts, jacks, milksops!" (V, 1, 91). Entsprechend reagieren Don Pedro und Claudio nicht auf die Herausforderung und machen sich anschließend über die beiden Brüder lustig, indem Claudio sie als „two old men without teeth" (V, 1, 115) bezeichnet. Am Ende des Stücks zögert Leonato nicht, seine Tochter mit Claudio zu vermählen, obwohl dieser sie öffentlich diffamiert hat. Ihm geht es nur um die Wiederherstellung der Familienehre.

Beide Charaktere zeigen keine Veränderung im Stück; sie verkörpern die Alten in der Gesellschaft und erscheinen dabei zwar einerseits großzügig, gütig und um die Familienehre besorgt, wirken aber andererseits aufgrund ihres Alters auch ein Stück weit lächerlich.

Margaret und Ursula sind Heros Kammerzofen. Ursulas Rolle besteht darin, **Komik** zu erzeugen. Für den Handlungsverlauf hat sie die Funktion, gemeinsam mit Hero Beatrice in die Liebesfalle zu locken.

Margaret ist vor allem wichtig für die Intrige, die zu Heros Verleumdung führt, denn Borachio nutzt sein Liebesverhältnis zu ihr aus, um Claudio und Don Pedro hinters Licht zu führen. Warum Margaret sich darauf einlässt, Borachio Claudio zu nennen und sich selbst als Hero ansprechen zu lassen, wird nicht deutlich. Während der Hochzeitsszene ist Margaret nicht anwesend, aber auch danach gibt sie ihre Beteiligung an der Intrige nicht preis. Ob sie sich dessen nicht bewusst ist, die Strafe fürchtet oder Heros Schmerz gar genießt, kann nur gemutmaßt werden. Borachio wäscht sie nach seiner Verhaftung von aller Schuld frei (vgl. V, 1, 293 ff.) und am Ende des Stücks befindet sie sich unter den Hochzeitsgästen, sodass der Zuschauer sie anscheinend als entlastet ansehen soll.

Margaret ist in jedem Fall eine **vulgäre Figur**. Sie hat ein Verhältnis mit Borachio und ihre Äußerungen sind häufig schlüpfrig. Dies gilt vor allem für ihre Anspielung auf die Hochzeitsnacht gegenüber Hero (vgl. III, 4, 25) und ihren Wortwechsel mit Beatrice in der gleichen Szene. Aber auch gegenüber Benedick hält sie sich mit sexuellen Anspielungen nicht zurück (vgl. V, 2, 8).

Borachio und Conrad sind Don Johns Gefolgsleute und unterstützen seine düsteren Pläne. Während Conrad eher **passiv** ist und vor allem als Gesprächspartner für Don John und Borachio dient, hat letzterer eine **aktivere Rolle**. Es ist Borachio, der ein Gespräch zwischen Claudio und Don Pedro belauscht und so von den Heiratsplänen erfährt. Als Don Johns Idee, die Pläne auf dem Maskenball zu durchkreuzen, misslingt, plant Borachio eine neue, sehr viel abgründigere Intrige. Über deren zerstörerische Tragweite ist er sich durchaus bewusst und scheint dies zu genießen (vgl. II, 2, 26 f.). Er lässt sich seine Rolle in der Intrige teuer bezahlen und nutzt dabei aus, dass Don John auf seine Unterstützung angewiesen ist. Seine Angeberei mit der Tat gegenüber Conrad führt zu deren Verhaftung.

Als Borachio vor Don Pedro geführt wird, erscheint er **schuldbewusst** und reuevoll (vgl. V, 1, 232 ff.), gegenüber Leonato übernimmt er sogar die alleinige Verantwortung (vgl. V, 1, 258) und ist bemüht, Margaret von aller Schuld reinzuwaschen. Hier wirkt er sogar Don Pedro und Claudio moralisch **überlegen**, die eine Mitschuld weit von sich weisen.

Bruder Francis: Der Mönch hat nur eine kleine, aber für die Handlung entscheidende Rolle. Er glaubt an Heros Unschuld und ersinnt einen Plan, um diese zu beweisen. Sein Glaube an ihre Keuschheit beruht auf seinen Beobachtungen. Im Gegensatz zu Claudio kann er zwischen Schein und Sein unterscheiden und erkennt, dass Heros Erröten im Angesicht der öffentlichen Anklage tatsächlich Ausdruck ihrer Unschuld ist. Seine Weisheit drückt sich auch in seinem Plan zur Aufklärung des Missverständnisses aus. Hier kommt sein Menschenverstand zum Vorschein, denn er sieht voraus, wie sich Heros Ansehen nach ihrem vermeintlichen Tod ändern und wie Claudio sich verhalten wird (vgl. IV, 1, 209 ff.).

3 Sprache

3.1 Prosa und Vers

Während Shakespeare in seinen Dramen überwiegend Versform statt Prosa verwendet, ist dies bei der Komödie *Much Ado About Nothing* gerade umgekehrt. 72 % des Textes sind in Prosa verfasst, während lediglich 28 %[8] in Versform, überwiegend in Blankversen[9], geschrieben sind. Generell gilt, dass Prosa dem natürlichen Sprachgebrauch sehr viel näher ist, während Versform künstlich wirkt. Die Verwendung der unterschiedlichen Sprachstile wird auch als Charakterisierung der Protagonisten Beatrice, Benedick, Hero und Claudio verwendet und ist daher relativ klar verteilt.

Beatrice und Benedick verwenden fast immer **Prosa**. Dies gilt sowohl für ihre verbalen Auseinandersetzungen (z. B. I, 1, 105 ff.) als auch für ihre spätere Liebeserklärung (vgl. IV, 1, 254 ff). Damit wird deutlich, dass sowohl ihre Einstellung zum anderen Geschlecht im Allgemeinen als auch ihre Liebe zueinander natürlicher und realitätsnäher ist als bei Hero und Claudio. Anders als Benedick verwendet Beatrice allerdings kurzzeitig die Versform, als sie von Benedicks Liebe erfährt (vgl. III, 1, 107 ff.). Der Wechsel zum fünffüßigen Jambus[10] verdeutlicht hier, wie dramatisch das soeben Erfahrene für sie ist und welch tiefen Einschnitt das für ihr bisheriges Verhalten bedeutet. Dies spiegelt sich inhaltlich in ihren sofortigen Gedanken an die Ehe wider ("To bind our loves up in a holy band." III, 1, 114), die sie vorher kategorisch für sich ablehnte. Benedick hingegen versucht vergeblich, ein Liebessonett für Beatrice zu verfassen (vgl. V, 2, 33 ff.). Seine Unfähigkeit, seine Liebe so zum Ausdruck zu bringen, zeigt nicht etwa, dass seine Liebe nicht tief ist, sondern dass sie – anders als die konventionelle Liebe – ehrlich und aufrichtig ist.

Im Gegensatz dazu wird die Liebe zwischen **Claudio und Hero** durch die verwendete **Versform** als artifiziell und höfisch charakterisiert. In Benedicks Gegenwart spricht Claudio über seine Gefühle zwar noch in Prosa, aber sobald dieser die Bühne verlässt, verwendet er Don Pedro gegenüber Versform und zwar ebenfalls den gängigen reimlosen fünffüßigen Jambus (vgl. I, 1, 271 ff.). Diese künstliche Sprache deutet im Kontrast zu Benedicks Prosarede schon an, dass Claudios Liebe oberflächlicher und damit auch angreifbar ist. Bezeichnenderweise ist seine Anklagerede vor dem Traualtar ebenfalls in Versform gehalten, sodass auch hier die Sprache die Realitätsferne der Anschuldigung signalisiert. Mit Beginn der Denunziation schlägt die Sprache aller Beteiligten in Versform um, um dem dramatischen Höhepunkt des Stückes Rechnung zu tragen. Erst wenn Benedick und Beatrice alleine auf der Bühne sind, verwenden sie wieder Prosarede. Damit unterstreicht Shakespeare plakativ den Unterschied ihrer ehrlichen Liebe zu Claudios Gefühlen.

3.2 Komik

Trotz der dramatischen Entwicklungen um Hero und Claudio ist und bleibt *Much Ado About Nothing* eine Komödie. Die Komik wird in erster Linie durch **Sprache**, weniger durch Situationskomik erreicht. Maßgeblich verantwortlich für die Sprachkomik sind Beatrice und Benedick, die die Zuschauer durch ihre geistreiche Sprachverwendung immer wieder zum Lachen bringen. Aber auch die Wortwechsel der Wachleute sind extrem komisch, allerdings aus einem ganz anderen Grund.

Beatrice und Benedick glänzen durch **Geistesreichtum** und **Originalität**. Dies gilt insbesondere für ihre Wortgefechte (z. B. I, 1, 122–129). Die beiden beziehen sich geschickt aufeinander und machen sich übereinander lustig. Dabei werden die Repliken kürzer und dadurch das Tempo des verbalen Duells immer schneller. Dies thematisieren sie selbst, was ihr hohes Sprachbewusstsein belegt: "I would my horse had the speed of your tongue [...]" (I, 1, 128). Die Charaktere mögen die Repliken teilweise als verletzend empfinden, für den Zuschauer sind sie aber unterhaltsam und belustigend.

Benedicks und Beatrices Sprache ist darüber hinaus von **Übertreibungen** und **Bildhaftigkeit** geprägt, die ebenfalls erheiternd wirken. Beatrice verwendet zum Beispiel Bilder, um ihre Abneigung gegen die Ehe zum Ausdruck zu bringen: "What should I do with him [husband]? Dress him in my apparel and make him my waiting gentlewoman?" (II, 1, 29 ff.). Benedick übertreibt maßlos und verwendet gleichzeitig bildhafte Sprache, wenn er über Beatrices verbale Attacken gegen ihn spricht: "She speaks poniards, and every word stabs. If her breath were as terrible as her terminations, there were no living near her; she would infect to the North Star." (II, 1, 229 ff.).

Als Benedick seine Liebe zu Beatrice rechtfertigt, bringt er das Publikum zum Lachen, indem er seine früheren Aussagen geschickt relativiert: "When I said I would die a bachelor, I did not think I should live till I were married." (II, 3, 231 ff.).

Ganz anders entsteht Komik bei Verges und Dogberrry, den Vertretern der unteren Schicht, die zu Höherem streben. In ihren Repliken entspringt die Komik (unbewusst) ihrem kläglichen Versuch, die Sprache der Adligen mit zahlreichen Fremdwörtern nachzuahmen. Dadurch entstehen häufig **Malapropismen**,[11] d. h. sie verwechseln schwierige Wörter, die einander lautlich ähnlich sind. Diese Verwechslungen geben den Sätzen eine völlig andere Bedeutung bzw. rauben ihnen jeden Sinn. Verges verwechselt z. B. die Wörter „salvation" und „damnation" wenn er sagt: "they should suffer salvation, body and soul." (III, 3, 2 f.). Dogberry meint „deserving" und nicht „desertless" in dem Satz: "First, who think you the most desertless man to be constable?" (III, 3, 8 f.). Im Gegensatz zu den Adligen sind Dogberry und Verges also gegen ihren Willen komisch.

3.3 Sexuelle Anspielungen

Die Sprache in Shakespeares Komödie enthält an vielen Stellen sexuelle Anspielungen. Diese sind für die heutigen Leser häufig nicht mehr unbedingt verständlich, sodass sich hier die Lektüre einer guten deutschen Übersetzung anbietet.[12] Die Anspielungen beziehen sich überwiegend auf Beatrice und Benedick, teilweise aber auch auf die bevorstehende Ehe zwischen Hero und Claudio.

Gleich zu Beginn nennt Beatrice Benedick „Signor Montanto“ (I, 1, 28). Diese Bezeichnung wird von Günther Frank als „Signor Hau von Stecher“ (Günther 2001, S. 11) übersetzt und unterstellt Benedick ein ausschweifendes Sexualleben. Wenn Claudio und Don Pedro Benedick wegen seiner Verliebtheit necken, spekulieren sie über die Identität der Geliebten:

Don Pedro: I warrant, one that knows him not.
Claudio: Yes, and his ill conditions, and in despite of all, dies for him.
Don Pedro: She shall be buried with her face upwards.
(III, 2, 56 ff.).

Hier ist wiederum Günthers Übersetzung aufschlussreich: „... und trotz seiner Fehler liegt sie vor ihm auf dem Bauch. / Don Pedro: Warum legt er sie nicht auf den Rücken?“ (Günther 2001, S. 93).

Ebenso wie Benedick wird auch Beatrice für ihre Verliebtheit aufgezogen. Beatrice will ihre Veränderung mit einem Schnupfen, einer verstopften Nase (“I am stuffed” III, 4, 59) rechtfertigen. Margaret hört hier eine sexuelle Anspielung und antwortet: “A maid, and stuffed!” (III, 4, 60).

Hero gegenüber wird Margaret so deutlich, was die anstehende Hochzeitsnacht angeht, dass Hero sie zurechtweist:

Hero: [...] my heart is exceeding heavy.
Margaret: ’Twill be heavier soon by the weight of a man.
Hero: Fie upon thee, art not ashamed?” (III, 4, 25 ff.).

Dass derlei derbe Anspielungen sowohl von den Adligen als auch von einer Dienerin, von Männern wie Frauen, geäußert werden, zeigt schon, dass diese auch für das ganze Publikum bestimmt waren und die Zuschauer auf den Rängen nicht prüde waren. Insbesondere dienten solche Anspielungen dazu, die *groundlings* zu unterhalten. Vertreter des Klerus, insbesondere die Puritaner, nahmen die Theater insgesamt als Quelle der Sünde war und blieben daher von vorneherein fern.

3.4 Regieanweisungen und Wortkulisse

Insgesamt verwendet Shakespeare nur äußerst wenige Regieanweisungen. Diese sind vielmehr häufig implizit in den Repliken der Schauspieler enthalten. Die Bühne im elisabethanischen Theater konnte natürlich aus technischen Gründen nicht so aufwändig gestaltet werden wie das heute mit häufigen Kulissenwechseln möglich ist.

Bühne im elisabethanischen Theater

Darüber hinaus hätte eine große Kulisse auch vielen Zuschauern den Blick versperrt, da die Bühne nach drei Seiten hin offen war. Aufgrund dieser Gegebenheiten wurde die Kulisse überwiegend über die gesprochenen Texte gestaltet. Dies ist in anderen Dramen, wie beispielsweise *Macbeth*, sehr viel augenfälliger, aber auch in *Much Ado About Nothing* nutzt Shakespeare die Sprache zu diesem Zweck. So werden zum Beispiel **Auf- und Abtritte von Figuren** auf diese Weise signalisiert. In Akt I, Szene 1 kündigt Benedick sein eigenes Verlassen der Bühne an: "And so I leave you." (Z. 263). In Akt II, Szene 3 erklärt er, er wolle sich vor den auftretenden Männern verstecken: "I will hide me in the arbour." (Z. 35 f.). Somit ist für das Publikum klar, dass Benedick für die anderen Schauspieler nicht zu sehen ist, auch wenn er sich auf der Bühne nicht wirklich in einer Laube verstecken kann. Auch **Ortswechsel** werden dem Zuschauer auf diese Weise sozusagen vor das innere Auge geführt. Benedicks Anweisung an seinen Diener: "In my chamber window lies a book. Bring it hither to me in the orchard." (II, 3, 3 f.) reichte für das damalige Publikum, um sich die weitere Handlung in einem Obstgarten vorzustellen.

Gleichermaßen werden auch **zeitliche Abstände** thematisiert. Wenn Claudio auf eine rasche Hochzeit dringt, antwortet Leonato: "Not till Monday, my dear son, which is hence a just sevennight;" (II, 1, 331 f.). Somit weiß das Publikum, dass sich die Handlung über den Zeitraum einer Woche hinstreckt. Wenn Don Pedro an Heros Grab spricht, so hat er wortreich das Herannahen des nächsten Morgen evoziert, obwohl die Aufführungen in aller Regel tagsüber bei hellem Tageslicht stattfanden und die Bühne nicht zu verdunkeln war:

> *Good morrow, masters, put your torches out. / The wolves have prey'd, and look, the gentle day / Before the wheels of Phoebus round about / Dapples the drowsy east with spots of grey.*
> (V, 3, 24 ff.)

Schließlich werden über die Sprache auch all jene Handlungen beschrieben, die auf der Bühne nicht gezeigt werden konnten oder sollten. So sehen wir nie Heros angebliches Treffen mit Borachio, sondern erfahren nur in Don Johns und später in Borachios Schilderung darüber:

> *But know that I have tonight wooed Margaret, the Lady Hero's gentlewoman, by the name of Hero. She leans me out at her mistress' chamber window, bids me a thousand times good night.* (III, 3, 133 ff.)

Dass die Zuschauer die Handlung nicht wirklich zu sehen bekommen, obwohl dies auf der elisabethanischen Bühne gut möglich gewesen wäre, unterstreicht hier außerdem die Unglaubwürdigkeit der Anschuldigungen.

4 Zentrale Themen und Motive

4.1 Schein und Sein

Das zentrale Thema dieser Komödie kündigt Shakespeare bereits im Titel an: *Much Ado About Nothing – Viel Lärm um nichts*. Der Handlungsverlauf wird im Wesentlichen von **Täuschungen** und Intrigen getragen. Diese bewegen sich auf völlig verschiedenen Ebenen und reichen von unbeabsichtigten Fehlmeldungen über Selbsttäuschungen und angenommene gesellschaftliche Rollen bis hin zu Don Johns intriganter Verleumdung. Als Symbole für Sein und Schein werden Masken, Kleidung und Verkleidung verwendet.

Die von Antonio falsch kolportierte Mitteilung an seinen Bruder, Don Pedro wolle für sich selbst um Heros Hand anhalten, bildet den Auftakt in dieser Reihe bewusster und unbewusster Täuschungen, ist aber harmlos und verläuft im Nichts.

Der **Maskenball** zu Beginn des zweiten Aktes ist Symbol für die **Rollen**, die die Figuren spielen und die Täuschungen, die begangen werden. Beatrice nutzt die Gelegenheit, um Benedick hinter seiner Maske einen verbalen Hieb zu versetzen. Don John gibt vor, nicht zu wissen, dass er mit Claudio spricht, obwohl er diesen trotz Maske bereits erkannt hat. Ziel ist, ihn glauben zu machen, der Prinz würde Hero für sich selbst werben.

Ebenfalls auf dem Maskenball schmiedet Don Pedro seinen Plan, der Beatrice und Benedick zu einem Paar machen soll. Der rasche Erfolg dieses Plans kann als Hinweis gedeutet werden, dass Beatrice und Benedick die Rolle der Eheverachter nur gespielt haben oder aber einer **Selbsttäuschung** erlegen waren (vgl. S. 27, S. 31).

Die an dieser Täuschung von Beatrice und Benedick beteiligten Figuren nutzen in diesem **Spiel im Spiel** *(play within the play)* bewusst den Kontrast zwischen Sein und Schein, um beide Figuren zur Aufgabe der angenommenen Rollen zu bringen. Don Pedro und Leonato greifen dabei sogar explizit selbst das Motiv der Täuschung *(counterfeit)* auf, nur um diese Möglichkeit sofort als absurd zurückzuweisen. "Counterfeit? There was never counterfeit of passion came so near the life of passion as she discovers it." (II, 3, 107–109). Was Beatrice und Benedick aber nur vorgegaukelt wurde (Schein), wird von beiden Akteuren sofort umgesetzt (Sein), sodass die wohlgemeinten Unaufrichtigkeiten schon gar keine Lügen mehr sind, ehe sie richtig ausgesprochen wurden.

Im Gegensatz zu diesen harmlosen Lügen – „honest slander" (III, 1, 84), wie Hero sie nennt – steht die zerstörerische Verleumdung Don Johns. Spätestens hier kommt auch die **Mehrdeutigkeit des Titels** *Much Ado About Nothing* ins Spiel. Es handelt sich hier um ein für Shakespeare typisches Wortspiel *(pun)*, da im elisabethanischen Englisch die Aussprache des Wortes „nothing" mit der des Wortes „noting" fast identisch ist (Homophonie). Wie der Titel nahe legt, stellt Shakespeare dar, dass Wahrnehmung *(noting)* anfällig für Täuschungen ist. Erst im Nachhinein stellt sich heraus, dass das Gesehene nicht der Realität entspricht *(nothing)* und eigentlich nur Einbildung war oder von anderen suggeriert wurde. Beispiel hierfür ist Akt III, Szene 3, in der Claudio und Don Pedro nur das sehen, was sie sehen wollen (den Beweis für Heros angebliche Untreue) bzw. was ihnen von Don John glauben gemacht wird. In dieser Szene steht Margarets Verkleidung als Hero symbolisch für den Kontrast zwischen Schein und Sein.

Auf die Spitze getrieben wird der Kontrast zwischen Sein und Schein in der Hochzeitsszene, wenn Claudio Hero vorwirft, ihre Unschuld sei nur schöner Schein, dahinter verberge sich ein zügelloses Wesen. Das, was eigentlich der wahrhafte Kern Heros ist, wird verleumdet, und dass sie so scheint, wie sie ist, wird ihr zum Vorwurf gemacht. Aufgelöst wird diese Intrige wiederum durch eine (gut gemeinte) Täuschung, die der Mönch vorschlägt. Hier taucht mit Heros **Scheintod** ein weiteres Symbol für den Kontrast zwischen Sein und Schein auf, das in Shakespeares Theater häufiger verwendet wird (z. B. auch in *Romeo and Juliet*). Heros Scheintod ist gleichzeitig Symbol für ihren sozialen Tod, den sie durch Claudios Anschuldigungen stirbt. Er bringt die Zeit, die es braucht, um Hero von ihrer angeblichen Schuld zu reinigen und ihren Ruf wieder herzustellen, sodass die Hochzeit schließlich doch stattfinden kann.

4.2 Die Rolle der Geschlechter

Die elisabethanische Gesellschaft ist eine **patriarchalisch** strukturierte Gesellschaft. Verheiratete Frauen sind in jeder Beziehung abhängig von Ehemännern, Töchter von ihren Vätern, während verwaiste, unverheiratete und verwitwete Frauen gewisse rechtliche Freiheiten besitzen. So lässt sich auch Beatrices forsches Auftreten erklären. Sie lebt als offensichtlich verwaiste Nichte unter der Obhut Leonatos. Sie ist damit wesentlich freier als Hero, die ihrem Vater Gehorsam leisten muss, bis dieser sie verheiratet und sie sich dann ihrem Ehemann unterordnen muss. In der Annahme, Don Pedro wolle für sich selbst um Hero werben, befiehlt Leonato seiner Tochter, ihm wohlwollend zu begegnen und Antonio kommentiert: "Well, niece, I trust you will be ruled by your father." (II, 1, 44 f.). Wie so oft in dem Stück, schweigt Hero. Über die gesamte Komödie hinweg spricht sie sehr wenig, vor allem wenn es um sie selbst geht. Selbst in der vermeintlichen Hochzeitsszene verteidigt sie sich kaum. Die **Ohnmacht der Frau** gegenüber der Macht der Männer wird in dieser Szene besonders augenfällig, wenn Hero ohnmächtig wird, ohne sich vorher nennenswert gegen die Anschuldigung ihres Verlobten zu verteidigen. Sie entspricht damit dem Idealbild einer Frau im Elisabethanischen Zeitalter. Sie ist schweigsam, gehorsam und, trotz aller anders lautenden Anschuldigungen, keusch.

Beatrice bildet einen scharfen **Kontrast** zu dieser Konzeption der Frauenrolle. Schon bei ihrem ersten Auftritt verstößt sie gegen die gesellschaftlichen Konventionen, wenn sie das Gespräch zweier Männer unterbricht und dabei Benedick mit dem despektierlich Namen „Signor Montanto" (I, 1, 28 f.) belegt. In der gesamten Komödie hat sie nach Benedick den höchsten Redeanteil und gleicht damit förmlich Heros Schweigen aus. In der oben genannten Maskenballszene ruft sie Hero zum Ungehorsam auf, sollte der gewählte Ehemann ihr nicht zusagen: "Yes, faith, it is my cousin's duty to make curtsy and say, 'Father, as it please you.' But yet for all that cousin, let him be a handsome fellow, or else make another curtsy and say, 'Father, as it please me.'" (II, 1, 46 ff.). In der Hochzeitsszene gehört sie zu den wenigen, die Hero gegen die Verleumdung der Männer in Schutz nehmen und deren Zeugnis anzweifeln (vgl. IV, 1, 145). Beatrice negiert also die der Frau zugedachten Verhaltensnormen. Sie ist aus damaliger Sicht vorlaut, häufig frivol, dringt auf Selbstbestimmung und lehnt auch die Rolle der Ehefrau für sich ab. In diesem Punkt sind Beatrice und Benedick sich einig. Beide lehnen die Institution der Ehe ab. Somit stellen beide Figuren in gewissem Maße Außenseiter der Gesellschaft dar, die extreme Positionen vertreten und die es zu bekehren und einzugliedern gilt.

Sprachlich wird diese Notwendigkeit der Zähmung durch die Verwendung von Tiermetaphern widergespiegelt. Bereits in der ersten Szene prophezeit Don Pedro, dass Benedick, der wilde Bulle, unterjocht werden wird. "In time the savage bull doth bear the yoke." (I, 1, 237 f.). Dies weist Benedick hier noch mit Verweis auf den gehörnten Ehemann zurück. Während Beatrices Täuschung vergleicht Hero Beatrice mit einem wilden Falken (vgl. III, 1, 35 f.) und am Ende spielt Ursula auf eine Art des Vogelfanges an, wenn sie zu Hero sagt "She's lime'd, I warrant you, we have caught her, madam." (III, 1, 103 f.). Beatrice selbst greift den Vergleich mit dem Falken wieder auf, wenn sie sofort bereit ist, sich von Benedick zähmen zu lassen: „Taming my wild heart to thy loving hand." (III, 1, 112). Die Zähmung der wilden Tiere symbolisiert folglich die soziale „Zähmung" der beiden Außenseiter.

Diese „Zähmung" will Don Pedro mit seinem Plan der Verkupplung erreichen. Das Ausmaß der Veränderung, das die geglückte Täuschung bei Benedick verursacht, hätte Don Pedro sich sicherlich nicht vorstellen können. Benedick bricht mit seinen Kampfesbrüdern und lässt sich sogar von Beatrice zu einem Duell mit Claudio überzeugen. Benedick stellt damit – wiederum ganz unkonventionell – seine Liebesbeziehung über die Verbundenheit mit seinen männlichen Wegbegleitern und Beatrice übernimmt zumindest in jener Liebeszene (vgl. IV, 1) vorübergehend die dominante, d. h. die maskuline Rolle.

Am Ende des Stückes werden die Rollenverhältnisse aber wiederhergestellt und die beiden Eheverächter nehmen ihre Rolle in der Gesellschaft an. Somit ist die gesellschaftliche Ordnung wiederhergestellt. Nach dem elisabethanischen Weltbild ist der Idealzustand der Gesellschaft ein Gleichgewicht, extreme Positionen gilt es zu vermeiden. Auch am Ende wird Tiersymbolik verwendet, wenn auch in veränderter Bedeutung. Benedick wird weiterhin mit einem wilden Bullen verglichen, allerdings diesmal in Anspielung an die Verwandlung von Zeus in einen Bullen, der die geliebte Prinzessin Europa auf seinem Rücken entführte. Benedick droht also nicht mehr die Unterjochung durch die Ehe, sondern er ergreift Besitz von seiner Geliebten (vgl. V, 4, 43–47).

Benedicks Worte zu Beatrice: "[*Kissing her*] Peace, I will stop your mouth." (V, 4, 97) können so verstanden werden, dass Beatrice mit dem Eintritt in den Bund der Ehe ihre Schlagfertigkeit aufgeben muss. Das vorangehende Wortgefecht, in dem beide Liebenden vorgeben, den jeweils anderen nur aus Mitleid zu heiraten, lässt aber auch die Interpretation zu, dass dem nicht so sein wird und beide Partner sich weiterhin auf Augenhöhe begegnen werden.

4.3 Liebe und Ehre

Im Mittelpunkt der Komödie stehen zwei Paare, wie sie unterschiedlicher kaum sein könnten. Auf der einen Seite Claudio und Hero, die sich den gesellschaftlichen Konventionen vollkommen unterwerfen, und auf der anderen Seite Benedick und Beatrice, die gerade aufgrund ihrer unkonventionellen Art zusammengeführt werden.

Claudios und Heros Liebe beruht lediglich auf **Äußerlichkeiten**. Claudio beschreibt Don Pedro gegenüber, dass er Hero bereits vor der zurückliegenden Schlacht bemerkt habe, aus Pflichtbewusstsein aber keine Gefühle der Liebe aufkommen ließ (vgl. I, 1, 271 ff.). Erst jetzt, da der Krieg vorbei ist, kann er diesen Gefühlen freien Lauf lassen. Aufgefallen ist ihm vor allem ihre Schönheit, daher nennt er sie auch ein Juwel (vgl. I, 1, 165). Dass es Claudio vor allem um Äußerlichkeiten geht, erkennt man auch daran, dass er die Bestätigung Benedicks (vgl. I, 1, 147) und Don Pedros (vgl. I, 1, 203) für die Wahl seiner Geliebten sucht. Während Benedick ihn in dieser Hinsicht verunsichert, findet er Bestätigung bei Don Pedro: "That she is worthy, I know." (I, 1, 209). Auch Claudios indirekte Frage nach Heros Mitgift ist Indiz einer wenig von Gefühlen geprägten Liebe (vgl. I, 1, 268), entspricht aber den damaligen gesellschaftlichen Normen. Doch eben diese Bedeutung, die äußerlichen Attributen und gesellschaftlichem Ansehen zugeschrieben wird, wird der Beziehung der beiden zum Verhängnis. Claudio lässt sich von Don Johns Intrige allzu leicht hinters Licht führen und zweifelt keinen Moment an den Worten eines Mannes, dessen Rebellion gegen seinen Halbbruder gerade erst beendet wurde – eben weil er ein Mann ist, gegen den die Beteuerungen einer Frau wenig Wert haben.

Auch Heros Bindung an Claudio ist nicht emotional. Der Zuschauer erfährt nichts über ihre Reaktion auf den vermeintlich zu erwarteten Antrag Don Pedros und auch als sie erfährt, dass sie mit Claudio und nicht mit dem Prinzen verlobt wird, zeigt sie keine Regung. Hero weiß nur zu gut, dass die Wahl des Ehemannes ohnehin ihrem Vater obliegt und Emotionen dabei keine Rolle spielen. Aber selbst als Claudio ihr bei der Verlobung das Stichwort gibt und Beatrice sie explizit auffordert zu sprechen (vgl. II, 1, 288 f.), hört man kein Wort von ihr, stattdessen flüstert sie Claudio offensichtlich etwas zu (vgl. II, 1, 292 f.). Ob der von Beatrice geforderte Kuss erfolgt, bleibt der Entscheidung des jeweiligen Regisseurs überlassen. Auch kurz vor der Hochzeit ist Hero mehr mit ihrem Hochzeitskleid beschäftigt als mit Gedanken an ihren Verlobten. Er findet nur kurz Erwähnung, wenn sie ihn für die Wahl der parfümierten Handschuhe lobt, die er ihr hat zukommen lassen (vgl. III, 4, 57 f.). Auch bei ihr zeigt sich also der hohe Wert, der Äußerlichkeiten beigemessen wird.

Dass die geplante Hochzeit zunächst nicht zustande kommt, ist eine Frage der **Ehre**. Claudio traut der Verleumdung Don Johns mehr als seiner Geliebten. Als er die Anschuldigungen hört, reagiert er kurz mit Erstaunen und Ungläubigkeit ("May this be so?" III, 2, 103), sinnt aber dann sofort auf Rache: "If I see anything tonight why I should not marry her, tomorrow, in the congregation where I should wed, there will I shame her." (III, 2, 109 ff.). Den Ehrverlust, den Claudio glaubt durch Heros Untreue erfahren zu haben, kann er nur durch eine öffentliche Anklage wiederherstellen. Gleiches gilt für Don Pedro, der die Liaison vermittelt hat und dessen Ehre somit ebenfalls gefährdet ist. Dass die beiden Männer im Glauben, ihre eigene Ehre zu rehabilitieren, Heros Ruf grundlos zerstören, kann als Tadel am Ehrbegriff des Adels gelten.

In die Reihe derer, die um ihren Ruf fürchten, reiht sich Leonato, Heros Vater, ein. Nachdem er zunächst gar nicht begreift, was während der Hochzeitsfeier geschieht, will er sich dann schnellstmöglich von seiner Tochter, die er nun als Schandfleck begreift, befreien und wünscht ihr daher den Tod:

> *Death is the fairest cover for her shame / That may be wish'd for.* (IV, 1, 114 f.),

andernfalls will er sie gar selber töten:

> *For did I think thou wouldst not quickly die, / Thought I thy spirits were stronger than thy shames, / Myself would, on the rearward of reproaches, / Strike at thy life.* (IV, 1, 123 ff.)

Hero, als seine einzige Tochter, sollte durch eine vorteilhafte Heirat mit einem Grafen den gesellschaftlichen Stand der Familie weiter ausbauen. Stattdessen tritt das Gegenteil ein und um den Ruf wiederherzustellen, bleibt nur ihr Tod. Dabei stellt Leonato das Urteil der Männer nicht in Frage, handelt es sich doch bei dem Prinzen um die ranghöchste Figur des Stücks. Auch seine Gedanken kreisen allein um seine eigene Ehre.

Hero droht also Opfer einer streng patriarchalisch strukturierten Gesellschaft zu werden, für die der Ehrbegriff besonders wichtig ist. Ihr Scheintod und ihre „Wiedergeburt" stehen symbolisch dafür, dass sie am Ende von allem Makel befreit ist und ihr guter Ruf wiederhergestellt ist.

Dieser oberflächlichen, von Konventionen geleiteten Beziehung steht das Verhältnis zwischen Beatrice und Benedick **antagonistisch** gegenüber. Zu Beginn führen diese einen verbalen Kleinkrieg gegeneinander, den Leonato als „merry war" (I, 1, 54) bezeichnet. Damit ist ihre Beziehung von Anfang an emotional, wenn auch nicht unbedingt freundschaftlich. Während Claudio und Hero durch Verleumdung vorübergehend entzweit werden, werden Beatrice und Benedick durch harmlose Lügen erst vereint. Und als die Beziehung der Verlobten den Tiefpunkt erreicht, gestehen die vormaligen Streithähne einander ihre Liebe (vgl. IV, 1). Nachdem Benedick in Liebe entbrannt ist, unterwirft er sich zwar in Fragen der Mode den Konventionen und wird dafür von seinen Freunden verspottet (vgl. III, 2), aber es gelingt ihm nicht, ein Liebesgedicht zu verfassen, denn höfisches Werben liegt ihm nicht (vgl. V, 2, 38 f.). So bleibt das Verhalten dieses Paares bis zum Schluss unkonventionell. Auch wenn sie sich schließlich das Jawort geben, so geht dem doch ein verbaler Schlagabtausch voraus, der an den anfänglichen *merry war* erinnert.

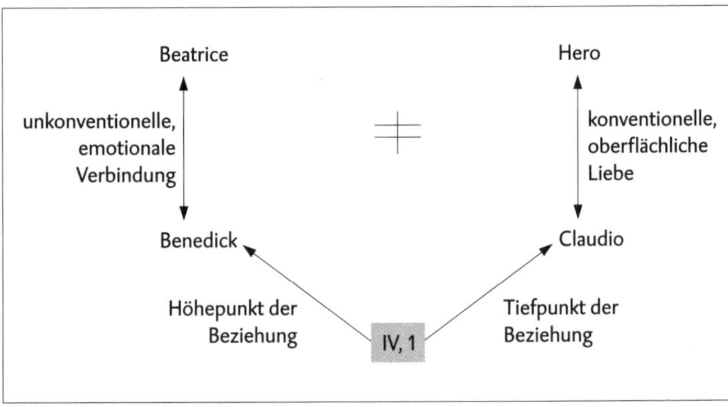

Zwei antagonistische Liebesbeziehungen

5 Interpretation von Schlüsselstellen

Die Veränderung Benedicks (Akt II, Szene 3, Z. 6–36, Z. 210–233)
Handlungszusammenhang: Benedicks vehemente Rede gegen die Ehe provoziert Don Pedro dazu, Beatrice und Benedick mittels einer Täuschung zu verkuppeln. Den ersten Monolog hält Benedick unmittelbar vor dem Gespräch der Männer, das ihn täuschen soll, den zweiten direkt im Anschluss.

Verlauf und Bedeutung: Benedick bringt seine Verwunderung über Claudios Veränderung zum Ausdruck. Claudio, der sich bislang immer gerne gemeinsam mit Benedick über das Verhalten verliebter Männer lustig machte, verhält sich nun selbst ebenso und gibt sich damit dem Gespött der anderen preis (vgl. Z. 7 ff.). Diese Zeilen beschreiben gleichermaßen Claudios Schicksal zu diesem Zeitpunkt, geben aber auch schon einen Ausblick auf Benedicks eigenes Verhalten in Akt III, Szene 2 und können somit als *foreshadowing* bezeichnet werden.

Hervorgehoben durch die Verwendung von Anaphern, d. h. von Sätzen, die jeweils gleich beginnen, („I have known when", Z. 12 ff.) und zahlreicher Kontraste, beschreibt Benedick ausführlich Claudios Veränderung. Während er früher den Klang militärischer Musik liebte, bevorzugt er nun Tanzmusik. Galt sein Interesse vormals der Rüstung, gilt es nun der Mode. Selbst seine Sprache hat sich gewandelt. Er spricht nicht mehr die klaren Worte eines Soldaten, sondern blumig wie ein Dichter (vgl. Z. 17 ff.). Claudio ist also zu einem verliebten Höfling geworden.

Benedick fragt sich, ob ihm ein ähnliches Schicksal widerfahren könnte. Diese rhetorische Frage markiert die Selbstprüfung, der er sich unterzieht. Die Antwort fällt auf den ersten Blick zögerlich aus: "I cannot tell; I think not. I will not be sworn but love may transform me to an oyster." (Z. 22 ff.). Das gewählte

Bild der Auster macht aber deutlich, dass Benedick die Wandlung für sich selbst ausschließt, steht die Auster doch – nach dem Konzept der *chain of being*[13] im elisabethanischen Weltbild – für ein niederes Lebewesen, in das Benedick erst verwandelt werden müsste, ehe er sich wie Claudio verhalten würde.

Dennoch zeichnet Benedick vor seinem inneren Auge ein Bild der Dame, die sein Herz gewinnen könnte. Die parallele Satzkonstruktion in Z. 26 ff. hebt hervor, dass er vor der Liebe sicher ist, solange die genannten Eigenschaften alleine auftreten. Erst die Vereinigung von Schönheit, Intelligenz und Tugend in einer Person könnte sein Herz erweichen. Diese Bedingung allein scheint Benedick schon für unerfüllbar zu halten. Er fügt jedoch weitere Anforderungen hinzu, die zum Teil aber auch Wiederholungen der bereits genannten sind. Dabei steht das Adjektiv stets an erster Stelle und erhält daher besondere Betonung (vgl. Z. 29ff.). Zum Ende hin (vgl. Z. 33 f.) gewinnt die Aufzählung an Tempo, er formuliert mehrere Ansprüche in einem Satz. Allein bei der Haarfarbe gibt er sich nicht wählerisch. Als Schlusspunkt dieser Aufzählung wirkt diese Einschränkung komisch und kann sicherlich als selbstironische Bemerkung aufgefasst werden. Die Fülle an Anforderungen, die er an eine Frau stellt, ist so groß, dass es unwahrscheinlich scheint, dass eine Frau alleine diese erfüllen kann; so kann er für sich ausschließen, Claudios Schicksal zu teilen.

Sein wortgewandter Monolog wird unterbrochen durch das Erscheinen von Don Pedro und den übrigen Männern, die an Benedicks Täuschung beteiligt sind. Benedick belauscht deren Unterhaltung. Sobald er wieder allein auf der Bühne ist, beginnt sein nächster Monolog, in dem seine schlagartige Veränderung manifest wird.

Zunächst versichert Benedick sich selbst, dass die Unterredung der Wahrheit entspricht. Bereits während des Dialogs der Männer hat er in einem *Aside* eingeworfen, dass die Beteiligung Leonatos für den Wahrheitsgehalt der Worte bürgt (vgl. Z. 120 f.).

Hier beruft er sich auf den Tonfall des Gesprächs und auf Hero, als Botin der Neuigkeit (vgl. Z. 210 ff.). Auf die rhetorische Frage: „Love me?“ (Z. 213) reagiert er indem er sofort bereit ist, Beatrices Liebe zu erwidern: “[...] it must be requited.” (Z. 213 f.). Die Spontaneität dieses Entschlusses straft all seine früheren Aussagen Lügen.

Stück für Stück geht Benedick die Äußerungen der Männer durch und nutzt diese als Entschuldigung für seinen Wandel. Er darf nicht hochnäsig wirken, sondern muss aus den Fehlern, die ihm vorgehalten werden, lernen (vgl. Z. 214 ff.).

Die folgende Aufzählung von Beatrices positiven Eigenschaften spiegelt Benedicks zuvor aufgezählte Anforderungen an eine Frau exakt wider. Beatrice vereint alle geforderten Eigenschaften in sich; etwas, dass Benedick noch vor wenigen Minuten für nahezu unmöglich hielt. Die Tatsache, dass Beatrice in ihn verliebt ist, soll ihrer Klugheit keinen Abbruch tun, da Benedick die Liebe erwidern wird: “I will be horribly in love with her.” (Z. 224). Das verwendete Oxymoron, also die widersprüchliche Verbindung der Gegensätze *horribly* und *love,* unterstreicht die Authentizität seiner Gefühle.

Im letzten Teil seines Monologes rechtfertigt Benedick seinen Wandel. Ihm ist bewusst, dass dieser ihm Spott und Hohn einbringen wird. Hier wird wiederum sein vorangegangener Monolog aufgegriffen, in dem er selbst noch Claudio verspottet hat. Mittels der Antworten auf zwei rhetorische Fragen überzeugt er sich selbst davon, dass er sich nicht davon abhalten lassen darf, sein Glück zu suchen. Die Forderung “The world must be peopled.” (Z. 231) treibt die Rechtfertigung auf die Spitze, indem Benedick es geradezu als seine Pflicht darstellt, sich fortzupflanzen. Schließlich deutet er seine eigenen Worte um und erzeugt dabei Komik. (vgl. II, 3, 231 ff.).

Benedicks Veränderung zeigt sich nicht nur in dem was er sagt, sondern auch darin wie er es sagt. Er verlässt sich zwar immer noch auf seine Wortgewandtheit, beruft sich aber auch mehrfach auf Sprichworte ("Happy are they that hear their detractions and can put them to mending." Z. 218 f. und "A man loves the meat in his youth that he cannot endure in his age." Z. 227 f.). Zuvor wies er derlei Redewendungen stets geistreich zurück. Dass er sie nun selbst verwendet, deutet schon an, dass er Traditionen und Konventionen nun eher akzeptieren wird.

Die Hochzeitsszene (Akt IV, Szene 1, Z. 1–106)

Handlungszusammenhang: In dieser Szene (auf dem Höhepunkt der Handlung) soll Hero mit Claudio verheiratet werden. Während Hero, ihre Familie und ihre Vertrauten das Fest freudig und aufgeregt erwarten, wissen die Zuschauer bereits, dass es aufgrund von Don Johns Intrige nicht zu der Heirat kommen wird.

Verlauf und Bedeutung: Der vierte Akt beginnt mit Leonatos Bitte an den Mönch, die Formalitäten kurz zu fassen. So eröffnet der Mönch auch direkt mit der Frage an Claudio, ob er sich mit Hero vermählen wolle. Claudio antwortet mit einem kurzen und bündigen „No." (Z. 6). Leonato glaubt, Claudio stoße sich an der nicht ganz korrekten Frage, denn er will sich nicht selbst vermählen, sondern soll vermählt werden *(to marry – to be married)*. Hier handelt es sich um dramatische Ironie *(dramatic irony)*, denn der Zuschauer hat einen Wissensvorsprung gegenüber einem Großteil der Figuren auf der Bühne und versteht die Äußerung so, wie sie von Claudio gemeint ist, nämlich dass er Hero tatsächlich nicht heiraten wird. Der Mönch fragt nicht erneut nach, sondern belässt es bei Leonatos Interpretation. Auf die Frage des Mönchs, ob jemand einen Grund kenne, der gegen die Heirat spräche, fragt Claudio zunächst Hero und wird dann selbst befragt. Wieder nimmt Leonato ihm die Worte aus dem Mund: "I dare make his answer – none." (Z. 17). Hier greift Claudio ein und tadelt Leonato, indem er dessen Worte aufgreift: "O, what men dare do! What men may do! What men daily do, not knowing what they do!" (Z. 18 f.). Claudio wird allerdings immer noch nicht ernst genommen, denn Benedick glaubt an einen Scherz (vgl. Z. 20 f.). Claudio unterbricht die Zeremonie jedoch endgültig, indem er den Mönch bittet, zur Seite zu treten und sich an Leonato wendet. Sprachlich wird dieser Bruch in der Zeremonie durch den Übergang zum Blankvers markiert. Claudio fragt Leonato, ob er ihm aus freien Stücken seine Tochter als Jungfrau übergebe. Während für Claudio der Fokus auf Heros Jungfräulichkeit liegt, geht Leonato nur darauf ein, dass er seine Tochter freiwillig dem Sohn übergibt, den er glaubt dazu zu gewinnen. Leonato kommt gar nicht auf die Idee, die Unschuld seiner Tochter in Frage zu stellen, denn zu dem Zeitpunkt ist er noch ein liebender und stolzer Vater. Dies ändert sich im Laufe des Aktes allerdings vorübergehend. Claudio treibt das perfide Spiel aber noch weiter. Er scheint die Erniedrigung Heros, auf die er unweigerlich hinsteuert, als Racheakt geradezu zu genießen. Claudio fragt, was der Brautvater im Gegenzug für seine Tochter von ihm erwarte. Die Gelegenheit nutzt Don Pedro, um in den Wortwechsel einzugreifen. Er antwortet: "Nothing, unless you render her again." (Z. 28). Dies ist für Claudio das Stichwort, Hero wütend von sich zu stoßen und sie öffentlich an den Pranger zu stellen. Er bezeichnet sie metaphorisch als „rotten orange" (Z. 31) und wirft ihr damit vor, eine schöne Schale zu haben, aber im Kern verdorben zu sein. Dieser Vorwurf stellt Heros Ehre in Frage und bedroht damit ihre Stellung in der Gesellschaft. Neben dieser Metapher macht er seinen Vorwurf in den nächsten Zeilen noch expliziter (vgl. Z. 32 ff.). Nach Claudios Interpretation ist ihr Erröten keineswegs Ausdruck von Scham, sondern Eingeständnis ihrer Schuld. Auch hier findet wiederum dramatische Ironie Anwendung, denn die Zuschauer wissen, dass Hero die Unschuld keinesfalls nur vorspielt, sondern ihre Erschütterung echt und gerechtfertigt ist. Sprachlich finden sich in dieser Passage vor allem Alliterationen („sign and semblance" Z. 32, „[c]an cunning sin cover" Z. 35) sowie Metaphern („rotten orange“ Z. 31, „the heat of a luxurious bed“ Z. 40), die Claudios Anschuldigungen Nachdruck verleihen.

Trotz dieser sehr harschen und deutlichen Worte Claudios kann oder will der Brautvater den Sinn dieser Worte nicht verstehen und fragt nach deren Bedeutung. Claudio wird daraufhin deutlich und bezeichnet Hero als „an approved wanton“ *[Hure]* (Z. 43). Leonato klammert sich an den letzten Strohhalm, der ihm bleibt, und vermutet, Claudio selbst habe Hero entjungfert (vgl. Z. 44 ff.). Aber auch diese Hoffnung wird von Claudio zunichte gemacht. Auf Heros Einwand hin, sie habe sich stets nur schwesterlich verhalten, setzt Claudio zum erneuten Angriff an und vergleicht sie mit Diana und Venus, zwei Göttinnen der römischen Mythologie, um Heros Lasterhaftigkeit und Verlogenheit zu untermalen. Während Hero so rein und keusch wie Diana, die Göttin des Mondes, oder wie eine Knospe vor der Blüte scheint, so ist sie doch in Wirklichkeit so leidenschaftlich wie Venus, die Göttin der Liebe oder wie „pamper'd animals“ (Z. 59). Letztere Äußerung bezieht sich auf Pferde, die im Elisabethanischen Zeitalter als sexuell besonders aktiv galten.

Auf Leonatos Flehen bringt Don Pedro sich in das Gespräch ein. Allerdings schlägt er, wie für den Zuschauer nicht anders zu erwarten, die gleichen Töne an wie Claudio und nennt Hero „a common stale“ *[Hure]* (Z. 64). Ähnlich wie Claudio sieht auch er seine eigene Ehre gefährdet (vgl. S. 56)

Mit einer Aufzählung selbstevidenter Fragen (Z. 68 f.), die alle nur bejaht werden können, will Claudio darauf hinweisen, dass seine Ausführungen offensichtlich und nicht anzuzweifeln sind. Ebenso einfach und endgültig soll eine Frage, die er Hero stellen will, ihre Schuld oder Unschuld besiegeln. Claudios Vertrauen in seine Braut ist aber schon so weit erschüttert, dass er Leonato auffordert, Hero zu befehlen, die Wahrheit zu sprechen. So sie eine Jungfrau sei, solle sie den Namen des Mannes nennen, mit dem sie in der vorigen Nacht am Fenster sprach (vgl. Z. 82 ff.). Für Claudio ist die Logik hinter dieser Aufforderung völlig klar, glaubt er doch, Hero am Fenster gesehen zu haben, obwohl es in Wirklichkeit Margaret war (als Hero verkleidet). Hero kann aber natürlich den Namen nicht nennen, da sie eben nicht am Fenster stand. An dieser Stelle könnte Margaret den ganzen Schwindel aufdecken, sie ist aber seltsamerweise nicht unter den Hochzeitsgästen. Es darf vermutet werden, dass dies Teil des Plans von Borachio und Don John ist.

Don Pedro schildert die Ereignisse der besagten Nacht und übertreibt dabei: „the vile encounters they have had / A thousand times in secret." (Z. 92 f.). Auch die Zuschauer erfahren hier erstmalig, dass Borachio („a liberal villain", Z. 91) selbst mit Don Pedro und Claudio gesprochen und sein angebliches Verhältnis zu Hero eingestanden hat. Don John selbst streut weiter Salz in die Wunde, denn er genießt das Leid, das er über Claudio und Hero gebracht hat. Heuchlerisch sagt er: "Thus, pretty lady, / I am sorry for thy much misgovernment." (Z. 96 f.).

Bevor Claudio wütend und verletzt die Bühne verlässt, schlägt er pathetische Töne an. Seine letzten Worte in dieser Szene sind geprägt von Antithesen und Paradoxien, die erneut den vermeintlichen Widerspruch zwischen Schein und Sein – Heros Verhalten und ihrem angeblichen Lebenswandel – illustrieren.

> *O Hero! What a Hero hadst thou been / If half thy outward graces had been plac'd / About thy thoughts and counsels of thy heart! / But fare thee well, most foul, most fair; farewell / Thou pure impiety and impious purity.* (Z. 98 ff.)

Trotz seiner jungen Jahre schwört Claudio der Liebe ab, um sich nicht der Gefahr der erneuten Täuschung auszusetzen (vgl. Z. 103 ff.). Aus Claudios Mund klingen diese Worte jedoch nur wie ein billiger Abklatsch von Benedicks ursprünglicher Haltung zur Ehe, zeugen sie doch mehr von Claudios – durch seine eigene Leichtgläubigkeit gekränkten – Eitelkeit, als von langer Lebenserfahrung. Den Hang andere vorschnell zu verdächtigen hatte er schließlich von Beginn des Stückes an, anders hätte Don Johns Intrige gar nicht aufgehen können.

So macht das Stück in der Hochzeitsszene seinem Titel alle Ehre, denn in der Tat wird hier *Much Ado About Nothing* – viel Lärm um nichts gemacht. Die Zeremonie und die Ehre aller Beteiligten wären unbeschadet geblieben, hätten Don Pedro und Claudio nicht leichtfertig Don John, dem Bastard, der ohnehin nicht gerade als eine besonders vertrauenswürdige Person gelten kann, geglaubt. Und schließlich lösen sich alle Vorwürfe am Ende in Nichts auf.

„Kill Claudio" (Akt IV, Szene 1, Z. 254–330)
Handlungszusammenhang: In dieser Szene stehen Beatrice und Benedick erstmals – nachdem beiden vorgetäuscht wurde, sie würden vom jeweils anderen geliebt – alleine auf der Bühne. Da sowohl Beatrice als auch Benedick die Liebe des anderen erwidern, hätte das Zusammentreffen unter anderen Bedingungen durchaus romantisch sein können. Nun ist es allerdings überschattet von Heros öffentlicher Entehrung.

Verlauf und Bedeutung: Benedick eröffnet den Dialog mit den zärtlichen und besorgten Worten: "Lady Beatrice, have you wept all this while?" (Z. 254) und es wird dem Zuschauer sofort deutlich, dass von dem kämpferischen, frauenfeindlichen Benedick nichts übrig ist. Die Replik steht in scharfem Kontrast zu den ersten Worten, die Benedick in dieser Komödie an Beatrice richtet: "What, my dear Lady Disdain! Are you yet living?" (I, 1, 107). Auf Benedicks Versuch, sie zu trösten, geht Beatrice nicht ein und Benedick ist natürlich auch bewusst, warum sie in dieser Situation nicht einfach aufzumuntern ist. So macht er also als Ausdruck seiner Verbundenheit mit Beatrice deutlich, auf wessen Seite er steht: "Surely I do believe your fair cousin is wronged." (Z. 258). Damit gibt er seine Loyalität zu Don Pedro und Claudio auf. Beatrice greift das Stichwort auf und drückt ihre Verbundenheit zu dem Mann aus, der das Unrecht rächen würde. Das Angebot greift Benedick natürlich gerne auf, aber

Beatrice lässt ihn im Ungewissen, indem sie seine Offerten, die in Frageform vorgebracht werden "Is there any way to show such friendship?" (Z. 261) und "May a man do it?" (Z. 263) zunächst zurückweist. Dies führt zu Benedicks Liebeserklärung: "I do love nothing in the world so well as you. Is not that strange?" (Z. 265 f.). Der erste der beiden Sätze belegt erneut Benedicks Veränderung, denn hier passt er sich sprachlich an konventionelle Liebeserklärungen an, indem er die Übertreibung (Hyperbel) wählt. Die rhetorische Frage, die folgt, thematisiert eben diese Veränderung, denn Benedick selbst erkennt, dass sein Verhalten befremdlich ist. Beatrice erklärt im Gegenzug ebenfalls ihre Liebe, zieht diese Erklärung aber sofort wieder zurück und bleibt in ihrer nächsten Replik sehr widersprüchlich. Der Gebrauch von Kontrasten unterstreicht dies:

> *As strange as the thing I know not. It were as possible for me to say I loved nothing so well as you. But believe me not, and yet I lie not. I confess nothing nor I deny nothing; I'm sorry for my cousin.* (Z. 267 ff.)

Der letzte Satz ruft den Liebenden wie auch den Zuschauern die Rahmenbedingung des Treffens in Erinnerung und erklärt damit auch Beatrices Widersprüche. Der Sinn steht ihr nicht nach Romantik, ist sie doch voller Zorn und Verzweiflung über Claudios Verhalten. Für Benedick ist die Botschaft dennoch offensichtlich und er bringt sie auf den Punkt: "By my sword, Beatrice, thou lovest me." (Z. 272). Die nächsten Repliken voller Wortspiele erinnern an den *merry war*, der zu Beginn noch zwischen beiden herrschte. Schließlich erklärt auch Beatrice voller Inbrunst ihre Liebe: "I love you with so much of my heart that none is left to protest." (Z. 284 f.). Benedick reagiert wiederum wie die damaligen Konventionen es von ihm erwarten: Er bietet Beatrice uneingeschränkt seine Dienste an. Diese nutzt das Angebot allerdings zu einer höchst unkonventionellen Aufforderung, die kurz und präzise in nur zwei Worten ausgesprochen wird: "Kill Claudio." (Z. 287). Benedicks Antwort ist ebenso spontan und gerade heraus: "Ha! Not for the wide world." (Z. 288). Auch wenn Beatrice ihm diese Weigerung als Beweis seiner mangelnden Liebe auslegt (vgl. Z. 291 f.), so ist sie vermutlich viel eher Ausdruck seiner Freundschaft zu Claudio, die zwar durch Claudios Verhalten getrübt, aber nicht völlig zerstört ist. Schließlich ist für Benedick Don John der Hauptverantwortliche (vgl. Z. 187). Da er aber nun den Liebesbeweis nicht bringen will, verweigert Beatrice ihm im Gegenzug die Freundschaft und drängt darauf ihn zu verlassen (vgl. Z. 289 ff.). Auf Benedicks Frage, ob Claudio wirklich ihr Feind sei, folgt eine lange Replik, die Benedick immer wieder vergeblich zu unterbrechen versucht. Beatrice zählt zunächst Claudios Vergehen auf: "[he] hath slandered, scorned, dishonoured my kinswoman" (Z. 299 f.). Sie betont auch die besondere Schwere seines Vergehens, hat er doch bis zuletzt gewartet, um Hero dann in aller Öffentlichkeit bloßzustellen (vgl. Z. 301 ff.). Auch hier folgt eine Aufzählung seiner Taten. Das gleiche sprachliche Mittel verwendet sie wenige Zeilen später, um Heros Leiden zu untermauern ("She is wronged, she is slanderd, she is undone." Z. 309 f.). Somit unterstreicht sie mehrfach, dass Claudio es unbedingt verdient hat, bestraft zu werden, und dass es den höfischen Konventionen gemäß geradezu Benedicks Pflicht sei, einer unschuldigen Dame zu ihrem Recht zu verhelfen. Zu gerne würde sie dies selber tun und wünscht daher wiederholt, sie wäre ein Mann (vgl. Z. 301 f., 304, 314). Nur ein Mann hätte die Möglichkeit, Claudio zum Duell zu fordern, ihn zu töten und damit Heros Ehre wiederherzustellen. Die Männer, die Beatrice umgeben, haben in ihren Augen allerdings nicht das Zeug dazu, diese Herausforderung anzunehmen. Sie sind nur höfische Verehrer, die ihren Taten keine Worte folgen lassen: "But manhood is melted into curtsies, valour into compliment, and men are only turned into tongue, and trim ones, too." (Z. 315 ff.). Da Beatrice Hero also nicht selbst rächen kann und auch keinen Mann weiß, der dies für sie täte, sieht sie für sich keinen anderen Ausweg, als selbst vor Kummer zu sterben (vgl. Z. 319 f.). Mit diesen Worten übt Beatrice enormen Druck auf Benedick aus. Zum einen stellt sie seinen Mut und seine Männlichkeit in Abrede; zum anderen unterstellt sie ihm, dass er nicht bereit sei, seine Liebe durch Taten zu beweisen, und schließlich muss er nicht nur Hero rächen, sondern auch Beatrice vor dem Tod bewahren. Liebesschwüre alleine reichen Beatrice nicht, dies verdeutlicht sie erneut, wenn sie Benedick auffordert, die Hand nicht zum Schwur zu heben, sondern um Hero zu rächen (vgl. Z. 322). Unter diesem Druck vergewissert sich Benedick ein letztes Mal, dass Beatrice Claudio für schuldig hält und akzeptiert dann die Herausforderung: "Enough, I am enganged; I will challenge him." (Z. 326).

Beatrice verfolgt also unterschiedliche Strategien, um Benedick zum Handeln zu bewegen: Sie verweigert ihm ihre Freundschaft, bezeichnet pauschal alle Männer und damit auch ihn als feige Schwätzer, betont immer wieder Heros Unschuld und droht mit ihrem eigenen Tod. Dies geschieht jedoch nicht berechnend, erscheint Beatrice in dieser Szene doch viel zu aufgewühlt und emotional, als dass man ihr kaltes Kalkül unterstellen könnte. Als Frau hat sie aber keine andere Wahl, da sie selbst nicht aktiv werden kann.

Rezeptionsgeschichte

Much Ado About Nothing erfreut sich seit der Zeit Shakespeares bis in die Gegenwart großer Beliebtheit und gehört zu den **am häufigsten aufgeführten Komödien**. Uraufgeführt wurde das Stück zwischen 1598 und 1599. Der von Shakespeare als Nebenhandlung konzipierte Handlungsstrang um Beatrice und Benedick wurde sehr schnell in den Mittelpunkt der Komödie gerückt. Bereits Charles I (1600–1649) vermerkte in seiner Textausgabe den Untertitel „Beatrice and Benedick" für das Stück.

Interessant ist vor allem die **veränderte Wahrnehmung der Protagonisten**. Zu Shakespeares Zeit wurde das Drama geradezu als Lehrstück in Fragen der Ehe verstanden, wurde es doch 1613 anlässlich der Hochzeit zwischen Prinzessin Elisabeth, Tochter Jakobs I, und dem Pfalzgrafen Friedrich am Hof aufgeführt. Claudio verhält sich gemäß der Normen seiner eigenen Zeit und wirbt entsprechend um Hero. Auch dass er sie verstößt, als ihr Ruf in Zweifel gezogen wird, und er sie vor dem Traualtar übel verleumdet, wurde zu jener Zeit nicht als überzogene Reaktion verstanden. Beatrice, die sich nicht rollenkonform verhält, indem sie gegen Männer und die Ehe wettert, wird am Ende doch in den heiligen Hafen der Ehe geführt und akzeptiert damit die ihr von der Gesellschaft zugewiesene Rolle.

Claudios Verhalten wird heutzutage ganz anders beurteilt. Er gilt als egoistisch, man wirft ihm vor, dass er Hero nicht aus Liebe, sondern aus finanziellen Gründen wählt und nur auf Erhalt seiner Ehre bedacht ist. Insbesondere sein Verhalten in der Hochzeitsszene ruft Abneigung hervor. Er wird damit den veränderten Ansprüchen an einen aufrichtig Liebenden nicht mehr gerecht. Beatrice und Benedick gelten indes eher als Vorbild wahrer Liebe und ebenbürtiger Partnerschaft.

Nach Shakespeares Tod wurden seine Theaterstücke rasch in gedruckter Form veröffentlicht. Während der Theaterschließung zwischen 1642 und 1660[14] wurden seine Stücke gezwungenermaßen nur lesend rezipiert. Bis heute wird Shakespeare sowohl gelesen als auch auf der Bühne aufgeführt. Nicht unterschätzt werden darf dabei die Rolle der Schullektüre.

In jüngster Zeit sorgen **Verfilmungen** für eine weitere Verbreitung des Werks. Besonders erfolgreich war bzw. ist die Verfilmung von Kenneth Branagh aus dem Jahr 1993. Wie in vielen seiner Shakespeare-Verfilmungen folgen die Dialoge im Wesentlichen dem Wortlaut des Originaltextes. Dass Branagh selbst die Rolle des Benedick übernimmt und seiner damaligen Ehefrau Emma Thompson die Rolle der Beatrice überträgt, unterstreicht erneut die herausragende Bedeutung dieser Figuren.

Kenneth Branagh und Emma Thompson in *Much Ado About Nothing*

Kritiker haben das Stück lange weniger gewürdigt als das Publikum. Dem Stück wurde häufig eine unzureichende Integration der verschiedenen Handlungsstränge vorgeworfen. Diese Einschätzung wandelt sich aber seit einigen Jahrzehnten. Der andauernden Beliebtheit beim Publikum können sich eben auch Kritiker nicht dauerhaft entziehen.

Literaturhinweise

verwendete Textausgabe

SHAKESPEARE, WILLIAM: *Much Ado About Nothing.* Edited by Roma Gill. Oxford School Shakespeare. Oxford University Press, 2004.

deutschsprachige Textausgabe

SHAKESPEARE, WILLIAM: *Viel Lärm um nichts.* Zweisprachige Ausgabe. Deutsch von Frank Günther. München: dtv, 2001.

Sekundärliteratur

DUNTON-DOWNER, LESLIE, ALAN RIDING ET AL.: *Essential Shakespeare Handbook.* London: Dorling Kindersley Limited, 2004.

ORLANDI, ENZO: *Shakespeare. Ein Text- und Bildband über Leben und Werk des Dichters.* Eltville: Bechtermünz Verlag, 1988.

PETERSON, RICHARD O.: *Shakespeare's Much Ado About Nothing.* Lincoln, Nebraska: Cliffs Notes, 1999.

STUART, ROSS. *Much Ado About Nothing. York Notes Advanced.* London: York Press, 1998.

Anmerkungen

1 Wer sich genauer über Shakespeares Leben informieren möchte, dem sei Michael Woods vierstündige DVD *In Search of Shakespeare* empfohlen.

2 Als *gentry* bezeichnete man den niederen Adel.

3 Die Schilderung findet sich z. B. bei Enzo Orlandi: *Shakespeare*. Eltville: Bechtermünz Verlag, 1988, S. 21.

4 Der Begriff „Elisabethanisch" bezieht sich auf die Regierungszeit von Königin Elisabeth I. (1558–1603).

5 Die Angaben beziehen sich auf Akt, Szene und ggf. Zeilen.

6 Im Elisabethanischen Zeitalter charakterisierte man Menschen nach den vorwiegend vorhandenen Körpersäften *(humours)* in Melancholiker (schwarze Galle), Phlegmatiker (Schleim), Sanguiniker (Blut) und Choleriker (gelbe Galle). Als ideal gilt ein Charakter, bei dem alle Körpersäfte im Gleichgewicht sind.

7 Als *groundlings* bezeichnet man diejenigen Zuschauer im elisabethanischen Theater, die unmittelbar vor der Bühne standen. Diese Plätze waren auch für Mitglieder der Unterschicht erschwinglich.

8 Die Zahlen stammen von Leslie Dunton-Downer und Alan Riding: *Essential Shakespeare Handbook*. London: Dorling Kindersley Limited, 2004, S. 235.

9 Blankverse: reimlose fünffüßige Jamben

10 fünffüßiger/fünfhebiger Jambus: Versmaß, in dem ein Vers aus zehn Silben besteht, wobei jeweils unbetonte und betonte Silben wechseln. Der Vers beginnt mit unbetonter Silbe

11 Malapropismen: benannt nach der Figur Mrs Malaprop aus dem Drama *The Rivals* (1775) von Richard Brinsley Sheridan

12 Empfehlenswert ist die Übersetzung von Frank Günther, erschienen 2001 im Deutschen Taschenbuch Verlag.

13 Die *chain of being* ist ein relativ starres hierarchisches Ordnungssystem, in dem nach der Vorstellung der Elisabethaner alle Schöpfungen Gottes angeordnet sind. Wie auf einer Leiter reicht dieses System von den niedersten leblosen Elementen (z. B. Steine) über Pflanzen, Tiere und den Menschen bis hin zu Gottes Thron.

14 Unter dem Einfluss der Puritaner wurden in diesen Jahren alle Theater aus religiösen und ideologischen Gründen geschlossen. Die Puritaner sahen im Theater einen Sündenpfuhl, der die Unmoral im Volk anfachte. Aufgrund der politischen Konstellationen konnten die Puritaner zwischen 1642 und 1660 ihren Einfluss geltend machen, da sie zahlreich im Parlament vertreten waren.

Deutsch Prüfungstraining Literatur

Prüfungstraining Literatur
Liebeslyrik .... Best.-Nr. 1045401
Prüfungstraining Literatur – Baden-Württemberg
Peter Stamm: *Agnes* .... Best.-Nr. 8454001
Prüfungstraining Literatur – Niedersachsen
Christian Kracht: *Faserland* .... Best.-Nr. 3454001
Prüfungstraining Literatur – NRW
Thomas Mann: *Buddenbrooks* .... Best.-Nr. 5454001
Prüfungstraining Literatur – NRW
J. W. v. Goethe: *Iphigenie auf Tauris* .... Best.-Nr. 5454003

Englisch Interpretationen

Albee:
Who's afraid of Virginia Woolf? .... Best.-Nr. 2500101
Atwood: *The Handmaid's Tale* .... Best.-Nr. 2500181
Auster: *Moon Palace* .... Best.-Nr. 2500031
Boyle: *The Tortilla Curtain* .... Best.-Nr. 2500131
Bradbury: *Fahrenheit 451* .... Best.-Nr. 2500141
20th Century English Short Stories .... Best.-Nr. 2500151
Fitzgerald: *The Great Gatsby* .... Best.-Nr. 2500191
Golding: *Lord of the Flies* .... Best.-Nr. 2500051
Hornby: *About a Boy* .... Best.-Nr. 2500201
Huxley: *Brave New World* .... Best.-Nr. 2500281
Ishiguro: *The Remains of the Day* .... Best.-Nr. 2500171
Lee: *To Kill A Mockingbird* .... Best.-Nr. 2500231
Lessing: *The Fifth Child* .... Best.-Nr. 2500071
MacLaverty: *Cal* .... Best.-Nr. 2500161
Priestley: *An Inspector Calls* .... Best.-Nr. 2500081
Russell: *Educating Rita* .... Best.-Nr. 2500061
Salinger: *The Catcher in the Rye* .... Best.-Nr. 2500111
Shakespeare: *Macbeth* .... Best.-Nr. 2500011
Shakespeare: *Much Ado About Nothing* Best.-Nr. 2500241
Shakespeare: *Romeo and Juliet* .... Best.-Nr. 2500041
Shaw: *Pygmalion* .... Best.-Nr. 2500121
Shepard: *True West* .... Best.-Nr. 2500211
Swarup: *Q & A: Slumdog Millionaire* ..... Best.-Nr. 2500271
Williams: *A Streetcar Named Desire* ..... Best.-Nr. 2500221

Englisch Training

Themenwortschatz .... Best.-Nr. 82451
Grammatikübungen .... Best.-Nr. 82452
Übersetzung .... Best.-Nr. 82454
Grundlagen, Arbeitstechniken und
Methoden mit Audio-CD .... Best.-Nr. 944601
Sprechfertigkeit mit Audio-CD .... Best.-Nr. 94467
Sprachmittlung .... Best.-Nr. 94469
Abitur-Wissen
Landeskunde Großbritannien .... Best.-Nr. 94461
Abitur-Wissen Landeskunde USA .... Best.-Nr. 94463
Abitur-Wissen
Englische Literaturgeschichte .... Best.-Nr. 94465
Klausuren Englisch Oberstufe .... Best.-Nr. 905113

Kompakt-Wissen Abitur
Themenwortschatz .... Best.-Nr. 90462
Kompakt-Wissen Abitur
Landeskunde/Literatur .... Best.-Nr. 90463

Spanisch

Kompakt-Wissen Abitur
Wortschatz Oberstufe .... Best.-Nr. 945401

Französisch Interpretationen

Camus: *L'Etranger/Der Fremde* .... Best.-Nr. 2550041
Sartre: *Huis clos/*
Geschlossene Gesellschaft .... Best.-Nr. 2550051
Schmitt: *Oscar et la dame rose* .... Best.-Nr. 2550071

Französisch Training

Landeskunde Frankreich .... Best.-Nr. 94501
Themenwortschatz .... Best.-Nr. 94503
Textarbeit Oberstufe .... Best.-Nr. 94504
Sprachmittlung · Übersetzung .... Best.-Nr. 94512
Abitur-Wissen
Französische Literaturgeschichte .... Best.-Nr. 94506
Klausuren Französisch Oberstufe .... Best.-Nr. 105011
Kompakt-Wissen Abitur
Themenwortschatz .... Best.-Nr. 945010
Kompakt-Wissen Abitur
Kurzgrammatik .... Best.-Nr. 945011

Latein Training

Abitur-Wissen
Lateinische Literaturgeschichte .... Best.-Nr. 94602
Abitur-Wissen Römische Philosophie .... Best.-Nr. 94604
Abitur-Wissen Prüfungswissen Latinum Best.-Nr. 94608
Klausuren Latein Oberstufe .... Best.-Nr. 106011
Kompakt-Wissen Kurzgrammatik .... Best.-Nr. 906011